CHRISTOPH HANZIG

AF196903

ZWISCHEN
VERWAHRUNG „ASOZIALER" UND
BEURTEILUNG „SCHWACHSINNIGER"

DIE LANDESANSTALT BRÄUNSDORF
1933-1945

FREIBERGER ZEITZEUGNIS SONDERHEFT 2019

Impressum

© 2019 Christoph Hanzig/Freiberger Zeitzeugnis e.V.
Herausgeber: Freiberger Zeitzeugnis e.V.
Autor: Christoph Hanzig
Titelgrafik: Postkarte, undatiert; Sammlung Düsing
Umschlaggestaltung: Anna Engel
Layout/Satz: Anna Engel
Lektorat, Korrektorat: Dr. Uta Rensch, Dr. Michael Düsing

Verlag & Druck: tredition GmbH,
Halenreie 40-44, 22359 Hamburg

ISBN: 978-3 -7497-5886-9

Bibliografische Information der Deutschen National-bibliothek: Die Deutsche Nationalbibliothek verzeichnet diese Publikation in der Deutschen Nationalbibliografie; detaillierte bibliografische Daten sind im Internet über http://dnb.d-nb.de abrufbar.

VORWORT

Vor sechs Jahren begann ich mich im Rahmen meiner Masterarbeit mit der sächsischen Landesanstalt Bräunsdorf bei Freiberg zu beschäftigen. Ausgangspunkt waren Gespräche in der Arbeitsgruppe des Gedenkbuchprojekts für die sächsischen Opfer der NS-„Euthanasie" unter Leitung von Dr. Boris Böhm. Im Gegensatz zu den anderen Landesanstalten war die Funktion der Bräunsdorfer Anstalt im Nationalsozialismus kaum erforscht. Daher übernahm ich die Aufgabe, die Vorgänge in der Anstalt zwischen 1933 und 1945, gerade im Hinblick auf rassenhygienische Maßnahmen und mögliche Verwicklungen in die Euthanasiemorde in Sachsen, zu untersuchen. Mit diesem Untersuchungsschwerpunkt wurde die Arbeit mit dem Titel „Rassenhygiene und ‚Euthanasie' im Nationalsozialismus am Beispiel der Landesanstalt Bräunsdorf" als Masterarbeit an der Technischen Universität Dresden angenommen. Betreut wurde die Arbeit von Dr. phil. habil. Sonja Koch und Dr. phil. habil. Manfred Nebelin. Wie die meisten Bachelor- und Masterarbeiten verschwand auch meine danach erstmal in der Schublade.

Dann nahmen vor einem Jahr Dr. Uta Rensch und Daniel Großmann vom Verein Freiberger Zeitzeugnis e.V. Kontakt zu mir auf. Sie waren an einem Vortrag zum Thema interessiert und boten auch eine Veröffentlichung meiner Masterarbeit im Rahmen der Vereinspublikationen an. Für diese Möglichkeit danke ich dem Verein und besonders Daniel Großmann und Dr. Uta Rensch. Weiterhin bedanke ich mich bei Anna Monika Engel, die die redaktionelle Druckvorbereitung umsichtig besorgte und Dr. Michael Düsing, der das Manuskript durchgesehen hat. Bei meiner Tochter und meiner Frau möchte ich mich gleichzeitig bedanken und entschuldigen, dass sie mal wieder zeitlich zurückstecken mussten. Nicht zuletzt danke ich auch meinem Opa, ohne den ich vielleicht nie Historiker geworden wäre.

Für den hier abgedruckten Text bearbeitete ich die Arbeit im Sinne eines breiteren Publikums. Das heißt, dass ich Teile des Textes, die zwar für eine wissenschaftliche Qualifizierungsarbeit notwendig, aber für ein interessiertes Publikum irrelevant sind, wie z.B. die Darstellung des Forschungsstandes und die Ideengeschichte der „Rassenhygiene" entfernt bzw. gekürzt habe. Außerdem formulierte ich die Einleitung um und arbeitete einige neuere Ergebnisse meiner Forschungsarbeit in den Text ein, bei der, zumindest am Rande, auch die Landesanstalt Bräunsdorf eine Rolle spielte.

Dresden, im August 2019
Christoph Hanzig

INHALT

EINLEITUNG   6

I IDEENGESCHICHTE
1. Anfänge der Eugenik im 19. Jahrhundert   8
2. Etablierung der Rassenhygiene im Deutschen Kaiserreich
   und der Weimarer Republik   9
3. Rassenhygiene im Nationalsozialismus   12

II. DIE LANDESANSTALT BRÄUNSDORF IM NATIONALSOZIALISMUS
1. Erste Veränderungen im Jahr 1933   18
1.1 Wechsel in der Anstaltsdirektion   18
1.2 Der Neuanfang als Korrektionsanstalt   22

2. Die Landesanstalt Bräunsdorf bis
   zum Beginn des Zweiten Weltkriegs   26
2.1 Die Funktion der Anstalt   26
2.2 Das Personal   32
2.3 Die Belegung der Anstalt   34
2.4 Die Ernährungssituation   41
2.5 Zwangssterilisationen   43
2.6 Kampf gegen den Alkoholmissbrauch   45

3. Die Landesanstalt in den Kriegsjahren   49
3.1 Veränderte Voraussetzungen für die Korrektionsanstalt   49
3.2 Die Meldung der Insassen im Krieg   55
3.3 „Die Abteilung für schwachsinnige bildungsfähige Kinder
    und Jugendliche"   58
3.4 Die Außenabteilung Bräunsdorf der Heil-
    und Pflegeanstalt Hochweitzschen   68
3.5 Aufnahme von Umquartierten im Februar und März 1945   72
3.6 Das Sterben in der Anstalt   73
3.7 Das Kriegsende in der Anstalt   76

SCHLUSS   78

ABBILDUNGEN   82
ANMERKUNGEN UND QUELLEN   86
QUELLEN- UND LITERATURVERZEICHNIS   94

EINLEITUNG

Im Jahre 1824 wurde auf dem ehemaligen Rittergut in Bräunsdorf eine Landeswaisenanstalt gegründet, die bereits 1832 in eine „Erziehungs- und Korrektionsanstalt für Kinder" umgewandelt wurde.[1] Trotz einiger Veränderungen blieb Bräunsdorf bis 1933 eine Anstalt ausschließlich für Kinder und Jugendliche. Erst 1933 wurden erstmals Erwachsene hier untergebracht und in diesem Zuge die Anstalt in die „Landeskorrektions- anstalt Bräunsdorf" umgewandelt. Dies blieb sie in der gesamten Zeit des Nationalsozialismus. In Sachsen war sie die einzige Anstalt ihrer Art und dementsprechend war die Zusammensetzung der untergebrachten Personen sehr heterogen und nur schwer mit anderen zu vergleichen. Dennoch wurde die Rolle von Bräunsdorf in der sächsischen Psychiatrielandschaft im Nationalsozialismus bis heute wenig beachtet.

In der folgenden Arbeit werden die Ereignisse der Jahre 1933 bis 1945 in der Landesanstalt Bräunsdorf bei Freiberg erstmals beleuchtet. Dazu erfolgt eine institutionsgeschichtliche Beschreibung der Landesanstalt in Bräuns- dorf mit ihren verschiedenen Funktionen in der Zeit des Nationalsozialis- mus. Zuvor soll eine kurze ideengeschichtliche Herleitung der Eugenik- und Euthanasiediskussion erfolgen. Diese wurden eben nicht zuerst von den Na- tionalsozialisten initiiert, sondern hatten weiter zurückliegende Wurzeln. Da für das Verständnis der NS-„Euthanasie" diese Vorgeschichte entscheidend ist, wird zunächst ein Abriss über den Beginn und Verlauf des biologistischen Denkens seit Mitte des 19. Jahrhunderts bis zum Ende der Weimarer Repu- blik gegeben. Danach werden die Grundzüge der nationalsozialistischen Gesundheitspolitik skizziert, wobei das besondere Augenmerk auf den ras- senhygienischen Maßnahmen nach dem 30. Januar 1933 und den Euthanasie- verbrechen ab 1939 liegen soll.

Im Fokus der Arbeit steht die Landesanstalt Bräunsdorf zwischen 1933 und 1945. Es werden zunächst Veränderungen in der Anstalt beschrieben, die sich nach der nationalsozialistischen Machtübernahme ereigneten. Außer- dem werden die Folgen der rassenhygienischen Maßnahmen in der Anstalt aufgezeigt. Darüber hinaus werden Fragen nach dem Anstaltsalltag, der Zu- sammensetzung der Anstaltsbewohner und des Personals behandelt sowie die Verwicklung der Anstalt und des Personals in die nationalsozialistischen Verbrechen betrachtet, die zum Gesamtkontext der NS-„Euthanasie" gehö- ren.

Allgemein fällt in der breiten Literatur zum Nationalsozialismus auf, dass Studien zu Arbeitshäusern oder Korrektionsanstalten selten sind. Ein Grund dafür ist, dass die von den Nationalsozialisten als „asozial" stigmatisierten Frauen und Männer zu den „vergessenen Opfern" dieser Zeit gehören. Zu den wenigen Historikern, die sich intensiver mit diesem Themenkomplex auseinandergesetzt haben, gehört Wolfgang Ayaß.[2] Wegen der kaum vorhandenen Arbeiten zu ähnlichen Anstalten, wird eine vergleichende Perspektive der Landesanstalt Bräunsdorf zu anderen Arbeitshäusern oder Korrektionsanstalten nur am Rande dieser Arbeit vorgenommen.

Die Akten der Landesanstalt Bräunsdorf befinden sich im Sächsischen Hauptstaatsarchiv Dresden und umfassen den kompletten Zeitraum des Bestehens der Landesanstalt Bräunsdorf und die unterschiedlichen Funktionen der Anstalt. Für die Zeit des Nationalsozialismus stehen verschiedenste Verwaltungsakten, sowie wenige einzelne Personalakten zur Verfügung. Das größte Quellenproblem ist, dass die Akten der Insassen komplett fehlen. Deswegen lassen sich konkrete Aussagen zu den Insassen (u.a. Dauer des Aufenthalt, Grund des Aufenthalts, soziale Zusammensetzung) nur schwer treffen. Durch die vorhandenen Akten der verstorbenen Patienten der Heil- und Pflegeanstalt Großschweidnitz, kann zumindest ein kleiner Einblick in das Leben von Bräunsdorfer Insassen gewonnen werden, die später eben in Großschweidnitz untergebracht wurden. Es bleibt aber nur ein Ausschnitt der verschiedenen Personengruppen, die in der Anstalt zwischen 1933 und 1945 untergebracht wurden. Weiterhin ist es durch das Fehlen eines gesamten Zugangs- und Abgangsverzeichnisses der Patienten und Insassen schwierig, einen Gesamtüberblick über die Verlegungen und Wege der Personen zu erhalten. Anhand einzelner Verlegungslisten konnten aber zumindest einige Namen und damit die weiteren Schicksale der Personen geklärt werden.

Trotz der teilweise schwierigen Quellenlage soll im Folgenden auf Basis der bestehenden Quellenlage ein Überblick über die Geschichte der Landesanstalt Bräunsdorf im Nationalsozialismus gegeben werden, ohne dass die Forschungsmöglichkeiten damit erschöpft wären.

I. Ideengeschichte

1. Anfänge der Eugenik im 19. Jahrhundert

Die Entstehung eugenischer Gedanken ist nicht ohne die großen naturwissenschaftlichen Fortschritte des 19. Jahrhunderts zu verstehen. Gerade Charles Darwins Forschungsergebnisse sollten grundlegend für die frühen Eugeniker werden. Evolution und Selektion, wie sie Darwin für das Tierreich und die Pflanzenwelt beschrieb, übertrugen einige Wissenschaftler auf die menschliche Gesellschaft. Dabei handelt es sich „politologisch um einen sogenannten Biologismus, um die Übertragung biologischer Gesetzmäßigkeiten auf die Entwicklung und die Existenzbedingungen von Gesellschaften".[3] Dadurch wurde versucht verschiedene gesellschaftliche Phänomene und Probleme zu erklären, die durch die Industrialisierung entstanden waren. In vielen der damaligen modernen Staaten entstanden Diskussionen unter Gelehrten unterschiedlicher Gebiete über die Entwicklung der menschlichen Gesellschaft. Dabei kam gerade einer Beschreibung von Darwin besondere Bedeutung zu: „Im Kampf ums Dasein werden die schlecht Angepassten durch natürliche Auslese, durch Selektion, ausgemustert. Bei Darwin geht es um Stechpalmen und Stiefmütterchen, Purzeltauben und Misteldrosseln, Pflanzen und Tiere also. Spätere Interpreten werden Sterilisation und Ermordung von Menschen mit dem Kampf ums Dasein begründen."[4] Humanismus und moderne Medizin wirkten nach Ansicht der Sozialdarwinisten der natürlichen Selektion entgegen. Darwins Vetter, Francis Galton, führte den Begriff der „Eugenik" in den Diskurs ein, um die vermeintlichen Auslesefaktoren beim Menschen wissenschaftlich zu erklären. Im Deutschen Kaiserreich wurde ab dem späten 19. Jahrhundert fast synonym der von Alfred Ploetz eingeführte Begriff „Rassenhygiene" benutzt.

Damit der fehlenden Auslese in den modernen Staaten entgegengewirkt werde, sah Galton zwei Lösungswege. Durch die positive Eugenik sollten höherwertige Personen mehr Kinder bekommen und im Gegensatz dazu durch die negative Eugenik die Geburten der angeblich Minderwertigen eingeschränkt werden. Dies sollte die vermeintlich fortschreitende Degeneration der Gesellschaft verhindern und eine Höherentwicklung ermöglichen. Der Grund für die Höher- oder Minderwertigkeit von Personen wurde von den Eugenikern allein im Erbgut verortet. Dagegen vernachlässigten sie Einflüsse aus Erziehung, Bildung und sozialem Milieu. Gegen Ende des 19. Jahrhunderts gewann die negative Eugenik an Bedeutung. Schließlich waren Maßnahmen für die Schwachen und Armen eher durchsetzbar als allein die

Starken und Einflussreichen dazu zu bringen mehr Kinder zu bekommen. Rassistische Motive hatten sich ebenfalls in die eugenische Debatte gemischt. So war der französische Adlige Joseph Arthur de Gobineau von der Einteilung der Menschheit in „Rassen" und der Überlegenheit der „weißen Rasse" überzeugt. In der Rassenmischung sah er die Gefahr der biologischen und kulturellen Degeneration der Einzelindividuen und dadurch letztendlich den unvermeidbaren Niedergang der Völker.[5]

Hans-Walter Schmuhl filterte vier Leitlinien der negativen Eugenik aus der Argumentation der Rassenhygieniker heraus.[6] Erstens stützte sich die Rassenhygiene auf den Sozialdarwinismus mit seiner Evolutions- und Selektionstheorie als Naturlehre der Gesellschaft. Zweitens wertete die Rassenhygiene die Selektion als die treibende Kraft des Evolutionsprozesses. Drittens erhielt die Rassenhygiene Impulse von den Degenerationstheorien und Züchtungsutopien. Als letzte Leitlinie sah Schmuhl einen dezidierten Antiindividualismus, der den Wert des einzelnen Menschenlebens gegenüber der höher angesehenen Gesellschaft relativierte.

Obwohl die Eugenik/ Rassenhygiene keine einheitliche Bewegung war und nie werden sollte, wurden bereits im 19. Jahrhundert gewisse Voraussetzungen geschaffen, die eine Radikalisierung im 20. Jahrhundert begünstigte.

2. Etablierung der Rassenhygiene im Deutschen Kaiserreich und der Weimarer Republik

Zu Beginn des 20. Jahrhunderts institutionalisierte sich die Rassenhygiene im Deutschen Kaiserreich. 1904 wurde das „Archiv für Rassen- und Gesellschaftsbiologie" als ein Zentralorgan der Rassenhygieniker gegründet. Einer der Herausgeber und gleichzeitig einer der wichtigsten deutschen Akteure der Rassenhygiene war der Mediziner Alfred Ploetz. Ein Jahr später war der Psychiater Ernst Rüdin für das Redigieren der Hefte des Archivs zuständig. Rüdin war mit der Schwester von Ploetz verheiratet, was für Klee eine Ehe mit Symbolcharakter darstellt, da sich hier nun Rassenhygiene und Psychiatrie verschwägerten.[7] Tatsächlich gewann die Rassenhygiene allgemein in der Medizin und speziell in der Psychiatrie an Einfluss. Hier sah man sich den vermeintlichen Folgen von Degeneration und Entartung tagtäglich gegenüber. 1905 folgte die Gründung der weltweit ersten rassenhygienischen Gesellschaft, der „Gesellschaft für Rassenhygiene" (später „Deutsche Gesellschaft für Rassenhygiene"), zu deren Mitgliedern u.a. Alfred Ploetz, Ernst Rüdin, der Schriftsteller Gerhard Hauptmann, der Botaniker Erwin Baur und der Rassenforscher Fritz Lenz gehörten. Zunächst blieb der Einfluss auf vorwiegend akademische Kreise beschränkt. Einem breiteren Publikum wurden „rassenhygienischen Erkenntnisse" auf der internationalen Hygiene Ausstellung 1911 in Dresden präsentiert. Für den Ausstellungsteil zur Rassenhygiene waren u.a. Rüdin und der Psychiater und spätere „Euthanasie"-Organisator Paul Nitsche verantwortlich.[8] Die Ausstellung wurde zur Basis für das Dresdener Hygiene-Museum, das später von den Nationalsozialisten als Propagandazentrum für ihre rassenhygienische Politik genutzt wurde. Der Erste Weltkrieg und seine Folgen führten dann zur nächsten Stufe der Radikalisierung in der Debatte und einem gesteigerten gesellschaftlichen Einfluss.

Das Ausmaß der Toten und Verletzten im Ersten Weltkrieg schien die Befürchtungen der Rassenhygieniker zu bestätigen, dass sich nämlich der Krieg kontraselektorisch auswirken würde. Während die Kranken und Schwachen in der Heimat überlebt hätten, seien die besten Männer, und damit das „beste Blut", an den Fronten gefallen. Die Realität sah im Reich aber deutlich anders aus. Denn gerade die Kranken und Schwachen litten besonders unter den allgemein schlechten Versorgungsbedingungen im Ersten Weltkrieg. Sparmaßnahmen betrafen die Patienten in den Heil- und Pflegeanstalten und führten dort zu einer hohen Sterblichkeit. Auch wenn das Massensterben in den psychiatrischen Anstalten im Zusammenhang mit der allgemeinen Hungersnot infolge der schlechten deutschen Nahrungsmittelpolitik und der alliierten Handelsblockade zu sehen ist, nahmen die Verantwortlichen das Sterben billigend in Kauf, wobei z.B. in den sächsischen Anstalten eine besonders hohe Sterblichkeit herrschte.[9] Die Öffentlichkeit nahm dies damals jedoch kaum zur Kenntnis. Mit dem Werk des Juristen Karl Binding und des Psychiaters Alfred Hoche „Die Freigabe der Vernichtung lebensunwerten Lebens – Ihr Maß und ihre Form" von 1920 trat nun auch die Debatte um die Tötung von Kranken endgültig in breite gesellschaftliche Schichten. Eine ihrer Hauptargumentationslinien war die finanzielle Belastung des Staates durch die Anstaltspatienten. Allerdings gingen Binding und Hoche noch nicht soweit, wie die nationalsozialistische „Euthanasie" später gehen sollte. Trotzdem führte das Buch die Diskussion über den Krankenmord ein großes Stück voran.

Ein weiterer wichtiger Schritt bei der Institutionalisierung der Rassenhygiene in Deutschland nach dem Ersten Weltkrieg war die Einrichtung eines Kaiser-Wilhelm-Instituts für „Anthropologie, menschliche Erblehre und Eugenik", die alle im Reichstag vertretenen Parteien unterstützten.[10] Wissenschaftliche Beweise für die Theorien der Rassenhygieniker blieben jedoch weiter selten und die Erkenntnisse in der Fachwelt umstritten.

Eine Legalisierung der Sterilisierung aus rassenhygienischer Indikation wurde auch bereits in den 1920er Jahren in der Weimarer Republik diskutiert. Einer der engagiertesten Befürworter war der Zwickauer Medizinalrat Gustav Boeters. Er reichte 1923 beim sächsischen Gesundheitsministerium und 1925 direkt beim Reichstag einen Gesetzentwurf ein, der eine Unfruchtbarmachung bei Geisteskrankheit, Epilepsie, „Blödsinn" und angeborener Blind- und Taubstummheit vorsah und als „Lex Zwickau" bekannt wurde.[11] Zu dieser Zeit waren Boeters Vorschläge im Reichstag noch nicht mehrheitsfähig.

„Einen dritten Vorschlag zur Unfruchtbarmachung aus erbpflegerischen Gründen unterbreitete Boeters im Jahre 1928. Darin weitete er den Kreis der Betroffenen auf ‚Alkoholabhängige, Drogensüchtige, Landstreicher und Zigeuner' aus. Allein in den Jahren 1921 bis 1925 ließ Boeters im staatlichen Krankenhaus in Zwickau 63 Sterilisierungen vornehmen, ohne dass die Staatsanwaltschaft einschritt."[12]

Bezeichnenderweise unternahm der zuständige Staatsanwalt nichts gegen den Medizinalrat, obwohl er mit den illegalen Sterilisierungen den Tatbestand der schweren Körperverletzung erfüllte. Interessant ist ferner, dass Boeters hier mit Alkoholikern, Drogenabhängigen und Landstreichern auch einen Personenkreis für die Sterilisation vorsah, der ab 1933 in der Landesanstalt Bräunsdorf untergebracht war. Eine scharfe Abgrenzung zwischen Krankheiten und abweichendem Sozialverhalten fand bei Boeters nicht statt. Er war zwar nicht der Erste und nicht der Einzige, der Vorschläge für die Sterilisation bestimmter Gruppen einbrachte und sie zum Teil auch schon illegal praktizierte, aber er war einer der hartnäckigsten Befürworter.

In der Weimarer Republik scheiterten zunächst alle Vorstöße für eine rassenhygienische Gesetzgebung, obwohl solche Gedanken ihren Weg auch in breite bürgerliche und sozialdemokratische Schichten gefunden hatten. Generell war die Eugenik keine ideelle Vorstellung des rechten Randes der Gesellschaft, sondern war vielmehr in nahezu allen gesellschaftlichen Gruppen zu finden.

Zu Beginn der 1930er Jahre rückte die Arbeit an einem Sterilisationsgesetz durch die Weltwirtschaftskrise wieder mehr in den Fokus des Staates. 1932 wurde ein Gesetzentwurf erarbeitet, durch den es ermöglicht werden sollte Personen zu sterilisieren, wenn sie an vermeintlichen Erbkrankheiten litten oder Träger krankhafter Erbanlagen waren. Allerdings sah der Entwurf in allen Fällen die Einwilligung der betreffenden Person vor.[13] Auch wenn es zu einer Verabschiedung des Gesetzes nicht mehr kam, waren die Weichen schon vor dem Nationalsozialismus gestellt. Nicht nur in Deutschland zeigte sich, wie bereits gesehen, dass die modernen demokratischen Staaten im frühen 20. Jahrhundert nicht immun gegen eugenische Gedanken waren.

„Die Tatsache, dass bis 1933/45 negativ-eugenische Praxis mit Ausnahme Deutschlands ausschließlich in demokratischen Systemkontexten stattfand, ist weitaus verstörender als die lange übliche, aber falsche These von der Affinität zwischen Rassenhygiene und Faschismus. [...] Allzu oft haben in der ersten Hälfte des 20. Jahrhunderts Demokratien – gerade die besonders ‚modernen' US-amerikanischen und skandinavischen Massendemokratien – Individualrechte unerwünschter Minderheiten gegen den Zugriff bürokratisch-wissenschaftlicher Machtpositive nicht geschützt, sondern preisgegeben. Immerhin stellte der demokratische Kontext sicher, dass Sterilisation öffentlich ‚umstritten' und politisch reversibel blieb."[14]

3. RASSENHYGIENE IM NATIONALSOZIALISMUS

Die Voraussetzungen für ein Sterilisationsgesetz waren, wie eben geschildert, schon vor der Machtübergabe an Hitler vorhanden, wogegen sich die Umsetzung und die Anwendung rassenhygienischer Maßnahmen erst im nationalsozialistischen Staat verwirklichen ließen. Rassenhygiene war ein elementarer Bestandteil der nationalsozialistischen Ideologie und wurde zur Leitlinie der Gesundheitspolitik im „Dritten Reich".

Für das „Gesetz zur Verhütung erbkranken Nachwuchses" (GzVeN) vom 14. Juli 1933 griffen die Nationalsozialisten auf den Gesetzentwurf von 1932 zurück und passten ihn den eigenen Vorstellungen an. Während sich das GzVeN von der Formulierung stark an der preußischen Gesetzesvorlage orientierte, stellte die Unfruchtbarmachung gegen den Willen der betreffenden Person und auch unter Zwang die deutlichste Abwandlung dar.[15] Das Gesetz stellte also die körperliche und seelische Gesundheit des Einzelnen unter die herbeigesehnte Gesundung des „Volkskörpers". Bei folgenden Krankheiten sah das Gesetz eine Sterilisierung vor: angeborenem Schwachsinn, Schizophrenie, zirkulärem (manisch-depressiven) Irresein, erblicher Fallsucht, erblicher Veitztanz (Huntingtonsche Chorea), erblicher Blindheit, erblicher Taubheit, schwerer erblicher körperlicher Missbildung und auch bei schwerem Alkoholismus. Ein Antrag zur Sterilisierung konnte von einem gesetzlichen Vormund, Ärzten mit Beamtenstatus, Leitern von Krankenhäusern und Heil- und Pflegeanstalten, sowie von der betreffende Person selbst gestellt werden, wobei diese Selbstanzeigen häufig nur durch äußeren Druck zustande kamen. Verhandelt wurden die Fälle vor den speziell eingerichteten Erbgesundheitsgerichten, die jeweils einem Amtsgericht angegliedert wurden und an denen drei Richter (einem Amtsrichter als Vorsitzenden und zwei Ärzten) den Fall beurteilten.[16] Die nächsthöhere und zugleich letzte Instanz waren die Erbgesundheitsobergerichte.

Am 1. Januar 1934 trat das Gesetz in Kraft. Auf Widerstand traf es kaum, vielmehr wurde es von vielen Seiten begrüßt. Auch aus medizinischer oder psychiatrischer Sicht wurden nur wenige Bedenken geäußert. Im Gegenteil meldeten und sterilisierten Ärzte äußerst bereitwillig und aus Überzeugung. 1935 wurde das Gesetz durch einen Abtreibungsparagraphen erweitert, der einen erzwungenen Schwangerschaftsabbruch bei angeblich erbkranken Frauen ermöglichte.

Propagandistisch wurde die Rassenhygiene im Nationalsozialismus hauptsächlich durch das Rassenpolitische Amt der NSDAP verbreitet. Es „legte die offizielle Sprachregelung in Belangen der Erb- und Rassenpflege fest, vereinheitlichte und überwachte die Schulungs- und Propagandatätigkeit, arbeitete an gesetzgeberischen Maßnahmen [...] mit und prüfte die rassenhygienischen Forschungsergebnisse auf ihre propagandistische Verwertbarkeit hin."[17] Alle „Volksgenossen" sollten von der Wichtig- und Richtigkeit rassenhygienischer Maßnahmen überzeugt werden. Eine zentrale Argumentationslinie bildete dabei die finanzielle Belastung des Staates und damit letztendlich der ganzen arbeitenden und gesunden Bevölkerung, die die Menschen in den Heil- und Pflegeanstalten darstellen würden. Auch in Schulen und Universitäten wurde die Rassenhygiene verbreitet. Für die rassenhygienische Propaganda nutzten die Nationalsozialisten alle damaligen Massenmedien, also Zeitungen, Zeitschriften, Theater und Film.[18]

Die Rassenhygiene, das GzVeN und das Handeln der Ärzte wirkten sich unmittelbar auf das Leben der Patienten in den Heil- und Pflegeanstalten des Reiches aus. Dazu kam, dass Sparmaßnahmen, die im Zusammenhang der Weltwirtschaftskrise schon in der Weimarer Republik in besonderer Weise die Anstalten betrafen, unter den neuen Machthabern, nun aber mit einem anderen Kalkül, fortgesetzt wurden. „Die Einstellung des Staates zu psychisch Kranken war eine andere geworden: Ihre Versorgung war nicht nur, wie zuletzt in der Weimarer Republik, eine lästige, weil kostspielige Pflicht – bereits die Existenz der Geisteskranken wurde zur Gefahr für die rassische und biologische Entwicklung des Volkes' erklärt."[19] Zunehmend wichtig wurde die Arbeitsfähigkeit der Patienten in den Anstalten. Dabei diente die Arbeitstherapie in erster Linie nicht der Genesung der Anstaltspatienten, sondern war vielmehr der Maßstab für den Wert des Einzelnen. Weiterhin war die Prognose der Ärzte, ob es sich um einen heilbaren oder unheilbaren Zustand handelt, für die Behandlung der Patienten von großer Bedeutung. „Während die als heilbar angesehenen Patienten immer aggressiver therapiert wurden, wurden die Fürsorgeleistungen für die chronisch psychisch Kranken mehr und mehr eingeschränkt. Insbesondere verschlechterte sich die Ernährung dieser Patientengruppe."[20] Moderne Therapien für die einen und Vernachlässigung der anderen Patienten schlossen sich nicht aus.

Sachsen nahm bei der Mangelernährung der als unheilbar deklarierten Patienten eine Vorreiterrolle ein. So führte der Leiter der Heil- und Pflegeanstalt Pirna-Sonnenstein, Paul Nitsche, bereits 1936 eine „Sonderkost" für nicht arbeitsfähige Patienten ein, die überwiegend aus einer fleischlosen Breikost bestand und 1938 für alle sächsischen Heil- und Pflegeanstalten vorgeschrieben wurde, wodurch 1939 schon etwa 50% der sächsischen Anstaltspatienten nur noch diese „Sonderkost" erhielten.[21]

An der Seite der negativen eugenischen Maßnahmen legte der nationalsozialistische Staat ebenfalls besonderen Wert auf die Erhöhung der Geburtenrate der Deutschen, die nicht als minderwertig eingeordnet wurden. Verschiedene Sozialleistungen regten zu mehr Kindern an. Trotz der Glorifizierung der deutschen Mutter und staatlicher Zuwendungen für Großfamilien, gelang es den Nationalsozialisten jedoch nicht, die Geburtenrate signifikant zu steigern. Die Einstellung der „Volksgenossen" zum Thema Großfamilie sieht Anna Maria Sigismund retrospektiv wie folgt: „Fanatische Nationalsozialisten waren zwar bereit, ihr Leben dem geliebten ‚Führer' zu opfern. Nicht bereit waren sie, einem seiner dringendsten Wünsche zu entsprechen und mit ihrem wertvollen Erbgut durch die Zeugung vieler Kinder den Erhalt der deutschen Rasse zu sichern."[22]

Mit dem Überfall der Wehrmacht auf Polen am 1. September 1939 und in der Folge dem Beginn des Zweiten Weltkriegs erhielt die Umsetzung rassenhygienischer Maßnahmen für die Nationalsozialisten eine neue Dringlichkeit. Die Ermordung von psychisch kranken Männern und Frauen sollte nun in die Realität umgesetzt werden. Zur Handlungsgrundlage wurde die sogenannte „Euthanasie"-Ermächtigung Adolf Hitlers aus dem Oktober 1939. In dieser Ermächtigung hieß es knapp:

„Reichsleiter Bouhler und Dr. med. Brandt sind unter Verantwortung beauftragt, die Befugnisse namentlich zu bestimmender Ärzte so zu erweitern, dass nach menschlichem Ermessen unheilbar Kranken bei kritischster Beurteilung ihres Krankheitszustandes der Gnadentod gewährt werden kann."[23]

Die Formulierung dieser Ermächtigung hatte mit dem tatsächlichen Vorgehen nichts zu tun. Es ging weder um „kritischste Beurteilung des Krankheitszustandes" noch um einen „Gnadentod", sondern um die systematische Ermordung von Anstaltspatienten. Symbolträchtig wurde die Ermächtigung auf den 1.September 1939, also auf den Kriegsbeginn, zurückdatiert. Gerade im Krieg sollte nur das „wertvolle" Leben erhalten werden. Die „Euthanasie"-Ermächtigung Hitlers stellte über die gesamte Kriegszeit hinweg die einzige Handlungsgrundlage für die Ärzte dar.

Mit der Planung der Morde wurden die im Ermächtigungsschreiben genannten Philipp Bouhler (Leiter der „Kanzlei des Führers") und Karl Brandt (Begleitarzt Hitlers) betraut. Weitere wichtige Akteure aus der „Kanzlei des

Führers" waren Viktor Brack und Werner Blankenburg, sowie von der Abteilung IV (Gesundheitswesen und Volkspflege) des Reichsinnenministerium Herbert Linden.[24] Die Organisation befand sich in der Tiergartenstraße 4 in Berlin, sodass später von der „Aktion T4" gesprochen wurde. Weitere Tarnorganisationen wurden zur Verschleierung der Vorgänge gegründet. Für die Erfassung der Anstaltspatienten verschickten die Organisatoren spezielle Meldebögen an die Anstalten, wo sie vor Ort ausgefüllt und danach wieder zurück nach Berlin gesandt werden sollten. Dort entschieden ausgewählte ärztliche Gutachter über die einzelnen Fälle. Während ein rotes Plus im dafür vorgesehenen Raum auf dem Meldebogen die Tötung des Patienten vorsah, bedeutete ein blaues Minus das Weiterleben der Person. Einzeln entschieden drei Gutachter und ein Obergutachter auf diese Weise über das Leben der Patienten. Besondere Bedeutung hatte die Arbeitsfähigkeit der Patienten, weil häufig anhand dieses Kriteriums entschieden wurde, ob die Person „lebenswert" oder „lebensunwert" sei.

Als Tötungsweise entschieden sich die Organisatoren für das Vergasen durch Kohlenmonoxid. Durch die angestrebte Methode war es wiederum nötig, bestimmte Anstalten zu Tötungsstätten mit Vergasungsanlagen umzufunktionieren.[25] In Zusammenarbeit mit dem sächsischen Innenministerium suchte die Organisation einen geeigneten Ort für eine Tötungsanstalt im Land Sachsen, wobei zunächst die ehemalige Anstalt Hubertusburg favorisiert wurde, jedoch die Entscheidung schließlich auf das Gelände der 1939 aufgelösten Heil- und Pflegeanstalt Pirna-Sonnenstein fiel.[26] Weitere Tötungsanstalten der „Aktion T4" waren Brandenburg, Grafeneck, Hartheim, Bernburg und Hadamar. Sogenannte Zwischenanstalten dienten der vorübergehenden Aufnahme der Patienten und erschwerten den Angehörigen nachzuvollziehen, wohin Verwandte wirklich verlegt wurden. Die Vergasung fand in der Regel noch am Tag der Ankunft in den Tötungsanstalten statt. Bis zum Ende der zentralen Krankenmorde im August 1941 starben über 70.000 Menschen in den Gaskammern der Tötungsanstalten. Schon am 31. Januar 1941 hatte Joseph Goebbels wohlwollend in sein Tagebuch geschrieben:

„Mit Bouhler Frage der stillschweigenden Liquidierung von Geisteskranken besprochen. 80000 sind weg, 60000 müssen noch weg. Das ist eine harte, aber auch eine notwendige Arbeit. Und sie muss jetzt getan werden. Bouhler ist der Rechte Mann dazu."[27]

Auch wenn nicht klar ist, wie die von Goebbels genannten Zahlen zustande kamen, zeigen sie doch die weiteren geplanten Ausmaße in den folgenden Jahren an. Im August 1941 beendeten die Nationalsozialisten die „Aktion T4". Hauptgrund für das Ende der Gasmorde war die größer werdende Beunruhigung der Bevölkerung über die nicht mehr geheim zuhaltenden

Morde. Verstärkt wurde dieser Effekt noch durch die Predigt des Bischofs von Münster, Clemens August von Galen, gegen den Krankenmord im August 1941. Nach dem Überfall auf die Sowjetunion im Sommer wollten die Nationalsozialisten jedoch Unruhe an der „Heimatfront" vermeiden. Daraufhin wurde die Aktion auf Anweisung Hitlers noch im August eingestellt. Allerdings kann nicht von einem plötzlichen Stopp der Vergasungen gesprochen werden, vielmehr lief die Aktion langsam aus oder die Gaskammern wurden für KZ-Häftlinge weitergenutzt.[28] Schon zuvor waren arbeitsunfähige KZ-Häftlinge im Rahmen der „Sonderbehandlung 14f13" in den Gaskammern der Tötungsanstalten ermordet wurden.

Parallel zur „Aktion T4" verlief mit der „Kindereuthanasie" eine weitere Mordaktion, für die ebenfalls die „Kanzlei des Führers" verantwortlich war. Als bürokratische Zentrale fungierte der „Reichsausschuss zur wissenschaftlichen Erfassung erb- und anlagebedingter schwerer Leiden". Deren Ziel war es Säuglinge und Kleinkinder, die nicht in Anstalten untergebracht waren, in die Mordaktionen einzubeziehen.[29] Die Altersgrenze von zunächst maximal drei Jahren wurde später nach oben gesetzt. Kinder mit Behinderungen konnten von Ärzten und Hebammen auch direkt nach der Geburt angezeigt werden. Für die Durchführung der Morde richteten die Organisatoren „Kinderfachabteilungen" ein und auch in Sachsen befanden sich solche speziellen Stationen, nämlich in Leipzig-Dösen, der Universitätsklinik Leipzig und später in Großschweidnitz. Zur Tötung wurde häufig das Schlafmittel Luminal genutzt, das in das Essen der Kinder gemischt oder als Zäpfchen verabreicht wurde.[30] Die „Kindereuthanasie" lief neben den anderen Aktionen bis zum Kriegsende. Insgesamt fielen mindestens 5.000 Kinder und Jugendliche dieser Aktion zum Opfer.

Zu den „Euthanasie"-Aktionen müssen auch die Morde an Anstaltspatienten in den besetzten Ostgebieten seit Kriegsbeginn gezählt werden. In Pommern, dem Reichsgau Danzig-Westpreußen und dem Warthegau töteten Einheiten der SS Anstaltspatienten durch Massenerschießungen oder in Gaswagen.[31] Bei diesen Morden gab es im Vorfeld keine psychiatrischen Begutachtungen, weil alle Patienten zur Ermordung vorgesehen waren.

Im eigentlichen Reichsgebiet gingen die Krankenmorde nach dem langsamen Ende der Tötungsanstalten in anderer Weise weiter. Von da an waren zuverlässige Ärzte und auch geeignetes Pflegepersonal beauftragt, Patienten im alltäglichen Anstaltsbetrieb zu töten. Unauffälliger als zuvor sollte die „Euthanasie" weiter betrieben werden. Durch Hunger und überdosierte Medikamente ging das Sterben auch in Sachsen weiter. Bereits 1940 entwickelte Paul Nitsche in Leipzig-Dösen sein „Luminal-Schema", das die unauffällige Tötung von unterernährten Patienten durch eine bestimmte Dosis Luminal ermöglichte.[32] Außerdem wurden schon vor Beginn des Krieges die sächsischen Anstaltsdirektoren für den Kriegsfall angewiesen, störende Patienten durch sogenannte „Dämmerschlafkuren" zu töten. Die Sterberaten in den Anstalten schossen unmittelbar nach Kriegsbeginn in die Höhe. Nach dem Ende der zentralen Krankenmorde radikalisierte sich dieses Vorgehen in den Anstalten schrittweise bis zum Kriegsende. Heinz Faulstich beziffert die Anzahl der nachweisbar an Mangelernährung und Überdosierungen gestorbenen Patienten in sächsischen Anstalten auf 9.600.[33]

Eine gesicherte Gesamtzahl aller Opfer der verschiedenen „Euthanasie"-Aktionen ist schwer zu ermitteln. Die meisten Schätzungen gehen jedoch von deutlich mehr als 200.000 Menschen aus. Nach dem Zweiten Weltkrieg erfolgte die Aufarbeitung der Euthanasieverbrechen im geteilten Deutschland nur schleppend. Während einige wenige Hauptverantwortliche vor Gericht zur Verantwortung gezogen wurden, beispielsweise wurde Paul Nitsche 1947 am Münchener Platz in Dresden zum Tode verurteilt und dort auch hingerichtet,[34] konnten die meisten Ärzte weiter tätig sein. Für die Opfer der nationalsozialistischen Rassenhygiene und deren Angehörige endeten die Qualen dagegen nicht mit dem Zusammenbruch des „Dritten Reichs", sondern zogen sich durch die Ungewissheit und den Kampf um Anerkennung und Entschädigung über Jahrzehnte bis in die Gegenwart hin.

II. Die Landesanstalt Bräunsdorf im Nationalsozialismus

1. Erste Veränderungen im Jahr 1933

1.1 Wechsel in der Anstaltsdirektion

Die gesellschaftspolitischen Entwicklungen und Konflikte der Weimarer Republik wirkten sich auch auf die Landesanstalt Bräunsdorf aus. Mehrere weltanschauliche Auseinandersetzungen führte das Personal der Erziehungsanstalt untereinander. 1923 übernahm mit Herbert Hesselbarth erstmals kein Geistlicher, sondern ein ausgebildeter Pädagoge das Amt des Anstaltsdirektors. Hesselbarth setzte auf wissenschaftlich fundierte Erziehungsmethoden, wohingegen er jeglichen militärischen Drill und religiöse Aspekte aus der Erziehungsarbeit beseitigte.[35] Damit konnte sich der damalige Anstaltspfarrer, Johannes Axt, nur schwer abfinden. Axt und seine Frau äußerten sich in der Folge mehrfach despektierlich vor Zöglingen über Hesselbarth und seine Arbeit. Bis zur Versetzung von Axt in die Landesanstalt Großschweidnitz 1926 blieb das Verhältnis zwischen Anstaltsdirektor und Anstaltspfarrer zerrüttet.[36]

Auch Hesselbarths Nachfolger musste mit politischen Konflikten umgehen. Seit dem 1. Oktober 1928 war der gleichzeitig zum Oberregierungsrat ernannte Dr. Rudolf Schlosser für die Landeserziehungsanstalt als Direktor verantwortlich.[37] Gleichzeitig übernahm Schlossers Frau Amalie ehrenamtlich die Oberleitung des Mädchenhauses.[38] Schlosser war Weltkriegsteilnehmer von 1914 bis 1918, er war allerdings seit 17. Mai 1916 auch als ständiger Geistlicher in Sachsen tätig und in dieser Funktion auch nach dem Krieg bis 1922 beschäftigt.[39] Anschließend war Schlosser von 1922 bis 1926 als Direktor des städtischen Kinderheims Chemnitz und in den folgenden beiden Jahren als Direktor des staatlichen Erziehungsheims Wackenitzhof in der Nähe von Lübeck tätig.[40] Die Landeserziehungsanstalt Bräunsdorf wurde 1928 also einem erfahrenen Direktor in der Fürsorgeerziehung anvertraut.

Schlosser und dadurch auch die Landeserziehungsanstalt waren bereits vor 1933 in das Visier der nationalsozialistischen Lokalpresse geraten. Gerade seine Mitgliedschaft in der SPD wurde immer wieder aufgegriffen und kritisiert. 1931 gab es eine regelrechte Kampagne gegen die Anstalt und vor allem gegen Schlosser selbst. Erstmals wurde Schlosser in der sächsischen NS-Tageszeitung „Der Freiheitskampf" am 20. April 1931 attackiert, worin „seltsame Maßnahmen der sozialdemokratischen Erziehungskünstler im Schlosserschen roten Reich" kritisiert wurden und außerdem stellte der Autor vorgesetzten Stellen rhetorisch die Frage: „Wir fragen das Ministerium, ob es wahr ist, dass Herr Schlosser auf Staatskosten in der Landeserziehungsanstalt Bräunsdorf bewusst eine SPD-Zelle ausbaut, mit der er zum unerhörten Nachteil des Staates (sehr viel Rückläufer von Zöglingen und Ausreißern) sozialistische Experimente durchführen kann?"[41] Am 4. Mai legte die Zeitung nach und prangerte die mangelnde Autorität Schlossers gegenüber den Zöglingen und seine Doppelmoral an, weil er einen Pfleger mit eben jener Begründung, der mangelnden Autorität, entlassen habe.[42] Den tatsächlichen Grund sah „Der Freiheitskampf" allerdings darin, dass der Pfleger vermeintlich Nationalsozialist sei und Schlosser ihn deshalb loswerden wollte. Schließlich beschäftigte sich die Zeitung am 22. Juni 1931 erneut mit der Anstalt bzw. Schlosser.[43] Auf den Artikel vom 4. Mai schrieb Schlosser zwei Tage später einen Bericht an das Arbeits- und Wohlfahrtsministerium in Dresden, in dem er sich zu den Vorwürfen in dem Artikel äußerte. Gerade die Versetzung eines Pflegers aus politischen Gründen stritt Schlosser darin energisch ab.

„Der Unterzeichnete weist die Unterstellung entschieden zurück, als ob die Wegversetzung des Pflegers Dathe von ihm betrieben worden sei wegen Zugehörigkeit Dathes zur Nationalsozialistischen Partei. Diese angebliche Parteizugehörigkeit Dathes ist allerdings s. Zt. von der kommunistischen Arbeiterstimme behauptet worden, und es darf hier daran erinnert werden, dass von der Arbeiterstimme damals dem Unterzeichneten in großer Schlagzeile vorgeworfen wurde: ‚Der linke Sozialdemokrat Schlosser deckt den Nazi Dathe'. Dathe selbst hat damals seine Zugehörigkeit zur Nationalsozialistischen Partei sehr bestimmt in Abrede gestellt und die Anstaltsdirektion hat niemals Ursache gehabt, an seiner Erklärung zu zweifeln."[44]

Zum Abschluss des Berichts teilte er dem Ministerium noch eine Vermutung über den Artikelschreiber mit: „In Pflegerkreisen wird ganz offen als Urheber oder doch Veranlasser des Artikels der Pfleger Rohstock genannt."[45] Aus diesem Bericht sind zweierlei wichtige Dinge zu entnehmen. Erstens war Schlosser nicht nur Verleumdungen aus der nationalsozialistischen Presse ausgesetzt, sondern auch die kommunistische Presse kritisierte ihn scharf. Zweitens scheint der Initiator der Kampagne gegen Schlosser selbst in der Anstalt tätig gewesen zu sein. Die politischen Kämpfe der Weimarer Republik hatten zu Beginn der dreißiger Jahre das Innenleben der Anstalt erreicht. Dementsprechend wird auch die Arbeit mit den Zöglingen zumindest partiell von diesen Spannungen beeinträchtigt worden sein.

Ein weiterer politischer Vorfall in den die Anstalt verwickelt wurde, hatte sogar juristische Konsequenzen. Im Frühjahr 1930 kam es bei einer politischen Versammlung zu einer hitzigen Debatte zwischen dem sozialdemokratischen Lehrer der Landesanstalt, Specht, und den nationalsozialistischen Rednern. Specht redete gegen den Paragraphen 218 StGB und befürwortete einen Kirchenaustritt. Heftiger Widerspruch regte sich daraufhin aus dem Publikum und beim nationalsozialistischen Redner. Daraus entstand das Gerücht, dass Specht selbst ein ausschweifendes Sexualleben und damit schlechten Einfluss auf die Kinder hätte. Diesen Vorfall nutzten nationalsozialistische Redner auf weiteren Versammlungen in der näheren Umgebung und behaupteten, dass der Lehrer Specht „einen Halbnackt-Tanzkursus mit seinen Zöglingen abzuhalten gedenke, bei dem die Bekleidung nur aus langen Strümpfen und einer Halskette bestehen sollte." Es konnte einem Lagerarbeiter Joseph Franz K. diese Aussage nachgewiesen werden. Weiter ging er „gegen die sozialdemokratische Verwahrlosung in der Erziehungsanstalt los und bezeichnete es als einen Skandal, dass derartige Zustände geduldet würden".[46] Daraufhin wurde er angezeigt und am 22. Dezember 1931 durch das Schöffengericht Freiberg schließlich zu einer Geldstrafe von 30 RM oder ersatzweise sechs Tagen Haft verurteilt. K. war kein Unbekannter, denn bereits kurz zuvor war er wegen Beleidigung des verstorbenen Gustav Stresemann mit einem Monat Gefängnis bestraft worden. Das Urteil wurde abschließend auch veröffentlicht, damit der Anstaltsverleumdung entgegengetreten werden konnte.[47]

Es ist kaum verwunderlich, dass Schlosser als Anstaltsdirektor im Nationalsozialismus keine Zukunft hatte. Eine erste Maßnahme der neuen nationalsozialistischen Machthaber führte zu einem Wechsel in der Anstaltsdirektion. Am 18. März 1933 meldet Schlossers kurzfristig ernannter Stellvertreter, Schwarz, dem sächsischen Arbeits- und Wohlfahrtsministerium:

„Wie dem Ministerium bereits fernmündlich mitgeteilt wurde, erfolgte heute gegen 7 Uhr durch 3 Stahlhelmleute begleitet von dem Bürgermeister des Ortes die Verhaftung (Schutzhaft) des hiesigen Anstaltsdirektors, Herrn Oberreg. Rat Schlosser. Auf seine Frage, ob irgendwelche Gründe zu dieser Maßnahme führten, wurde ihm bedeutet, dass die Verhaftung aus politischen Gründen vorgenommen werde. [...] Nach Äußerungen Außenstehender ist die Verhaftung im Zusammenhang mit einer allgemeinen Razzia im gesamten Umkreis Freibergs erfolgt."[48]

Somit war Schlosser von den neuen Machthabern nicht nur schnell aus seinem Amt entfernt, sondern auch verhaftet worden. Zwei Tage später schrieb Schwarz erneut an das Arbeits- und Wohlfahrtsministerium, diesmal leicht abgewandelt über den 18. März, dass „gegen 19 Uhr vom Bürgermeister des Ortes und 6 Leuten der SA im Direktionszimmer der Landesanstalt, den anschließenden Räumen, auf dem Inventarboden, in der Beobachtungsabteilung und in der Dienstwohnung des Hilfslehrers Merrettig eine Haussuchung vorgenommen wurde."[49] Bei der Durchsuchung in der Anstalt war also auch eine zweite Person betroffen. Was mit dem Hilfslehrer Merrettig geschah, geht nicht aus den dem Bericht oder den Akten hervor. Laut Bericht von Schwarz wurden bei der Durchsuchung noch unterschiedliche Schriften, Zeitungsartikel und dienstliche Papiere beschlagnahmt, in denen die Durchsuchenden tatsächliche oder vermeintliche sozialdemokratischen Inhalte vermuteten.[50]

Lange Zeit blieb Schlosser allerdings nicht in „Schutzhaft", denn bereits am 29. März schrieb er wieder aus Bräunsdorf an das sächsische Arbeits- und Wohlfahrtsministerium, wobei er seine geleistete Arbeit rechtfertigte und sich auch gegen Vorwürfe aus der Pflegerschaft wehrte, dass es eine mangelnde Disziplin in der Anstalt gegeben habe.[51] Dass Spannungen zwischen Schlosser und einigen Pflegern tatsächlich vorhanden waren, konnte bereits an der Zeitungskampagne im Jahr 1931 abgelesen werden. Den Vorwürfen der nationalsozialistisch gesinnten Personen unter der Belegschaft kam jetzt aber ein ganz anderes Gewicht zu. Ein weiteres Schreiben an das sächsische Arbeits- und Wohlfahrtsministerium schickte Schlosser am 5. April nach seiner einstweiligen Versetzung in den Ruhestand. Darin versuchte er seine Stellung zu retten:

„Der Volkswille vom 5. März [gemeint sind die undemokratischen Wahlen vom 5. März 1933; Anm. d. Autors] ist in 1. Linie ein nationaler Wille. Es widerstrebt mir aufs Äußerste, demgegenüber mit hohen Worten von Vaterlandsliebe zu kommen; dergleichen ist jetzt billig. Aber ich darf immerhin sagen, dass meine Haltung geradlinig geblieben ist von den Tagen an, wo ich der alten ‚national-sozialen' Bewegung und ihrem Ideal vom sozialen Volkskaisertum anhing, wie es Friedrich Naumann verkündigte, über die Kriegsjahre, wo ich trotz geringer Körperkräfte und viel Krankheit immer wieder den Dienst mit der Waffe dem Feldpredigertum vorzog, bis zu den Nachkriegsjahren, wo ich es bei allen Besuchen meiner Heimat nicht über mich vermochte den Rhein zu sehen, so lange der Franzose dort stand. Und auch mein Eintritt in die Arbeiterbewegung 1919 – der damals einzige mögliche Ort des Bekenntnisses zu ihr war die SPD – kam bewusst aus dem Ringen um Eingliederung der deutschen Arbeiterschaft in den deutschen Staat und das deutsche Volkstum. [...] Wenn ich dennoch und obwohl ich immer nur am äußersten Rand geduldet blieb, in dieser Bewegung aushielt, [...] sodann weil ich schließlich eine kleine Gruppe fand, in der ernstlich um neuen Sinn von Arbeit und Nation gerungen wurde. Es ist mir wiederholt von nationalsozialistischer Seite ausgesprochen wurden, dass sie diese Gruppe als sich verwandt empfanden."[52]

Schlosser versuchte dem Ministerium seine Zuverlässigkeit in der Ausübung seiner Tätigkeit zu verdeutlichen und konstruierte eine ideelle Verwandtschaft zwischen seinen politischen Vorstellungen und dem Nationalsozialismus. Doch letztendlich half es nichts mehr. Am 25. April 1933 teilt der Beauftragte des Reichskommissars im sächsischen Arbeits- und Wohlfahrtsministerium mit: „Auf Grund von §4 in Verbindung mit §7 des Gesetzes zur Wiederherstellung des Berufsbeamtentums [...] werden Sie mit sofortiger Wirkung aus dem Staatsdienst entlassen."[53] Der Anlass der Entlassung Schlossers war seine politische Unzuverlässigkeit als SPD-Mitglied, die in §4 des Gesetzes festgeschrieben wurde. Die Angabe des Paragraphen 4 des „Gesetzes zur Wiederherstellung des Berufsbeamtentums" als Entlassungsgrund wurde besonders häufig in Sachsen und auch im sächsischen Arbeits- und Wohlfahrtsministerium bei Beamten benutzt.[54] Nach seiner Entlassung zogen Schlosser und seine Frau am 15. Juni 1933 nach Frankfurt am Main und ihm wurde nach etlichen Abzügen ein Ruhegeld von 266,63 RM gewährt, ca. dreiviertel des ihm eigentlich zustehenden Betrages.[55] Der Posten des Anstaltsdirektors wurde nicht kurzfristig neu besetzt, sondern es übernahmen übergangsweise der bereits zuvor erwähnte Bräunsdorfer Oberlehrer Schwarz und dann der Schuldirektor Fritsche die Aufgaben des Direktors. Bis zum Ende der Erziehungsanstalt im Oktober 1933 sollte kein neuer Anstaltsdirektor berufen werden.

1.2 Der Neuanfang als Korrektionsanstalt

Die Nationalsozialisten strukturierten noch 1933 die Landesanstalten in Sachsen nach ihren Bedürfnissen um. Eine wichtige Veränderung war, dass sich die vorgesetzte Stelle für die Landesanstalt änderte. Denn ab dem 1. Juni 1933 war nicht mehr das sächsische Arbeits- und Wohlfahrtsministerium für die Anstalt zuständig, sondern das sächsische Ministerium des Inneren.[56] Dort war wiederum die Abteilung II (Volkspflege) hauptverantwortlich für die Landesanstalten und dadurch auch für Bräunsdorf. Somit gelangte die Anstalt in den Verantwortungsbereich des für die Umsetzung rassenhygienischer Maßnahmen zuständigen Ministeriums.

Auch für die Nutzung der Landeserziehungsanstalt Bräunsdorf gab es neue Pläne. Sie sollte nicht länger als Erziehungsanstalt dienen, sondern an ihrer Stelle die einzige Korrektionsanstalt in Sachsen installiert werden. Nötig wurde die Einrichtung in Bräunsdorf wahrscheinlich, weil der bisherige Standort in Colditz schon seit März 1933 als frühes Konzentrationslager genutzt wurde. Dort stieg die Zahl der Insassen von 305 im April 1933 auf etwa 700 Häftlinge im August an.[57] Zudem zog das sächsische Innenministerium in Erwägung einen Teil der Patienten der Landesheil- und Pflege-anstalt Zschadraß wegen Überbelegung in der Anstalt in Colditz unterzubringen.[58] Für die Anstalt in Bräunsdorf wurde eine neue Funktion gesucht, da die Zöglingszahlen in der Landeserziehungsanstalt schon seit einiger Zeit deutlich zurückgegangen waren und das Gelände nicht ausgenutzt wurde. Die Gründe für die geringe Belegung beschreibt die stellvertretende Anstalts-direktion in einem Bericht für die Abteilung II im sächsischen Ministerium des Inneren:

„Wie das Arbeits- und Wohlfahrtsministerium bereits erwähnt hat, scheint die Unterbringung von Schwersterziehbaren zum Teil an der geringeren Zuweisung von über dem Schulalter stehenden Knaben überhaupt zu lie-gen, andererseits spielt die Herabsetzung der Fürsorgeerziehung vom 21. auf das 19. Lebensjahr sicherlich eine nicht unwesentliche Rolle. Weiterhin tritt vielleicht auch die schärfere Beurteilung jugendlicher Vergehen durch Gerichtsbeschlüsse mehr in Erscheinung, so dass die Jugendlichen ihr asoziales Verhalten, das meist auch durch politisch linksradikale Anschauung bedingt war, in Jugendgefängnissen und Konzentrationslagern büßen müssen. Auch üben die freiwilligen Arbeitsdienstlager in Bezug auf Gemeinschafts-erziehung und Selbstdisziplin einen überaus heilsamen Einfluss auf die halt-losen, willensschwachen und doch triebhaften jugendlichen Elemente. Mit geringen Ausnahmen haben sich, […] die durch unsere Anstalt gegangenen Zöglingen in den Arbeitsdienstlagern bewährt."[59]

Aus dieser Aussage geht eine deutliche Verschiebung in der Behandlung von Jugendlichen mit deviantem Verhalten hervor. Statt auf die staatliche Fürsorge der Erziehungsanstalten, in denen Arbeit und Disziplin ja ebenfalls wichtige Bestandteile waren, setzten die Nationalsozialisten deutlich mehr auf harte Strafen und die „Umerziehung" junger Personen durch Arbeits- und Konzentrationslager.

Als Lösungsvorschlag für die geringe Belegung rückte eine Verlegung der Korrektionsanstalt von Colditz nach Bräunsdorf im Sommer 1933 in das Zentrum der Überlegungen, weil dadurch einerseits Platz in Colditz geschaf-fen und andererseits die geringe Belegung in Bräunsdorf behoben werden könnte. Nach einer Besichtigung des Anstaltsgeländes durch die Hochbau-direktion im Finanzministerium und dem Colditzer Anstaltsdirektor Gustav Schmidt wurde dem Innenministerium am 21. August 1933 berichtet, dass im Hauptgebäude, im Knabenhaus, im Mädchenhaus und in der Schule etwa 350-400 Insassen untergebracht werden könnten, genügend Wohnungen für die Beamten vorhanden seien und auch die vorhandenen Werkstätten in Bräunsdorf weiter durch die Insassen betrieben werden könnten.[60] Weiter-hin müssten keine großen baulichen Veränderungen vorgenommen werden, während einige kleinere Umbauten im kalkulierten Wert von 9000 RM nötig seien, vor allem Fenster müssten vergittert werden, wobei eine günstige Herstellung durch die Colditzer „Schutzhäftlinge" vorgeschlagen wurde. Eine komplette Umzäunung wurde dagegen nicht als notwendig erachtet.[61]

Neben den baulichen Anpassungen, musste auch das Personal auf die Funktion als Korrektionsanstalt zugeschnitten werden. Der neue Anstaltsdirektor sollte Gustav Schmidt (geb. 27. Oktober 1883) werden, der in gleicher Funktion die Korrektionsanstalt Colditz bis zu diesem Zeitpunkt leitete. Aus diesem Grund wendete sich Schmidt am 28. September 1933 an seine vorgesetzte Stelle, um den Personalbedarf in der neuen Anstalt aufzustellen. Aus Colditz wollte er 16 Personen, sich selbst eingerechnet, nach Bräunsdorf mitnehmen, das restliche Colditzer Personal sollte entweder vor Ort im Konzentrationslager tätig bleiben oder Verwendung in der Heil- und Pflegeanstalt Zschadraß finden. Auch aus Bräunsdorf wollte er sieben Pfleger und fünf Wärter, sowie zwei Erzieherinnen, eine Nachtwächterin und ein Hausmädchen in die Korrektionsanstalt übernehmen. Während er das Personal für die weiblichen Insassen für ausreichend hielt, forderte er für die männliche Insassen acht weitere Pfleger.[62] Außerdem befürchtete er einige Schwierigkeiten bei der Umstellung des Pflegepersonals auf die neuen Anforderungen der Korrektionsanstalt.

„Wir kommen in ein großes Wirrnis hinein und es wird mir sehr schwer werden, alles so einzurichten, dass es einigermaßen läuft. Ich bin ja mit dem Hauptwachtmeister eventuell ganz allein und wir müssen ja die Pfleger erst in unseren Dienst einführen. Das wird wirklich nicht einfach. Wir bringen doch ganz anderes Menschenmaterial nach Bräunsdorf als es die Zöglinge sind […]. Die Pfleger werden sicher unzufrieden werden, wenn es jetzt heißt, Dienst in einer Korrektionsanstalt zu tun."[63]

Nicht jeder aus der Erziehungsanstalt wurde jedoch in die neue Anstalt übernommen. Es wurden im Rahmen der Umgestaltung der Anstalt 13 Versetzungen vollzogen (zwei Schwestern an das Krankenstift Zwickau; eine Schwester an das Mütter- und Säuglingsheim der Frauenklinik Chemnitz; drei Pfleger und ein Oberpfleger an die Landesanstalt Hochweitzschen; zwei Pfleger an die Landesanstalt Chemnitz; ein Pfleger an die Landesanstalt Arnsdorf; drei Pfleger an die Landesanstalt Zschadraß).[64]

Es ist zu erkennen, dass der Umzug von Colditz nach Bräunsdorf kurzfristig geplant worden war und dadurch einige organisatorische Probleme entstanden. Auch Personalfragen waren Ende September noch nicht völlig geklärt und stellten den Anstaltsdirektor vor Schwierigkeiten. Umso erstaunlicher ist, dass bereits zwei Tage nach diesem Schreiben von Schmidt die ersten 30 Insassen aus Colditz nach Bräunsdorf verlegt wurden, um dort Feldarbeit auf dem Staatsgut zu verrichten und bei der Einrichtung der Korrektionsanstalt zu helfen.[65]

Außerdem war es noch notwendig, die Bräunsdorfer Zöglinge anderweitig unterzubringen. Über den Verbleib der Zöglinge nach der Schließung der Landeserziehungsanstalt teilte die Anstaltsdirektion am 23. Juni 1936 dem Archiv für Wohlfahrtspflege in Berlin mit, dass die Zöglinge auf die Erziehungsanstalten Mittweida und Moritzburg, das Stadtkinderheim Dresden und verschiedene kleine Kinderheime aufgeteilt wurden.[66] Am 30. September 1933 wurde die Landeserziehungsanstalt Bräunsdorf geschlossen und war von nun an eine Korrektionsanstalt. Die eigentliche Belegung der Korrektionsanstalt war für Mitte Oktober vorgesehen. Schmidt organisierte dementsprechend den Umzug der Colditzer Abteilungen nach Bräunsdorf. Mit dem Transport war die Speditionsfirma Franz Kressner aus Chemnitz beauftragt. Ihr schrieb Schmidt am 5. Oktober, wie der Umzug ablaufen sollte. „Wir werden hier alles vorbereiten und bitten Sie, am 13. und 14. diesen Monats den Umzug durchzuführen. [...] Es kommt für den Anstaltsumzug in Frage: 1. die Anstaltssachen, 2. die Möbel der unverheirateten Beamtinnen und Bediensteten, 3. die Insassen."[67]

Am 16. Oktober erfolgte die Verlegung der kompletten Verwahrten- und Bewahrtenabteilung von Colditz nach Bräunsdorf. Doch auch aus Heil- und Pflegeanstalten wurden Personen in die neue Korrektionsanstalt verlegt. Am 16. Oktober folgten in zwei Bussen 38 Männer, 24 Frauen und sechs Aufsichtspersonen aus der Heil- und Pflegeanstalt Arnsdorf, wobei auch der Arnsdorfer Direktor, Dr. Siegfried Maaß, den Transport begleitete.[68] Ebenfalls kamen bewahrte Männer und Frauen aus der Heil- und Pflegeanstalt Pirna-Sonnenstein nach Bräunsdorf. Und auch hier ließ der Direktor, Prof. Dr. Paul Nitsche, es sich nicht entgehen, die Verlegung am 17. Oktober persönlich zu begleiten.[69] Allerdings kamen die ersten Insassen schon vor dem eigentlichen Umzugstermin zu vorbereitenden Arbeiten in die neue Korrektionsanstalt nach Bräunsdorf. Neben den 30 Colditzer Insassen folgte am 7. Oktober die Verlegung von weiteren 25 bewahrten Frauen vom Sonnenstein nach Bräunsdorf, um dort die Küche und das Waschhaus vorzubereiten und das Mädchenhaus einzurichten.[70] Insgesamt meldete Schmidt abschließend dem sächsischen Ministerium des Inneren am 17. Oktober 1933 den vollzogenen Umzug und auch die Insassenzahl: „Die Korrektionsanstalt zählt heute 209 Insassen. Anmeldungen für die Korrektionsabteilung liegen in reichlicher Zahl vor, ebenso sind für die Verwahrtenabteilung Zuführungsgenehmigungen bereits ausgesprochen."[71] Schmidt rechnete also mit einem schnellen Ansteigen der Insassenzahl in den folgenden Wochen und Monaten.

2. Die Landesanstalt Bräunsdorf bis zum Beginn des Zweiten Weltkriegs

2.1 Die Funktion der Anstalt

In der Zeit nach dem Umzug musste die neue Funktion der Anstalt bei den betreffenden Stellen erst einmal bekannt gemacht werden. Deswegen fragten viele Institutionen, wie bspw. Fürsorgeverbände, Wohlfahrts- oder Jugendämter, bei der Anstaltsdirektion nach, wer unter welchen Bedingungen in Bräunsdorf untergebracht wird. Die Antwort der Anstalt an die Verwaltung des Prinzess-Marien-Stifts in Schwarzenberg vom 8. November 1933 soll hier komplett wiedergegeben werden:

„In die *Korrektionsabteilung* [später als Arbeitshaus bezeichnet; Anm. d. Autors] werden aufgenommen Bettler und Landstreicher, Zuhälter und Glücksspieler, die von der Landespolizeibehörde eingewiesen werden. Die *Verwahrtenabteilung* dient zur Verwahrung derjenigen, die die Unterhaltspflicht gegenüber ihren Angehörigen verweigern und die infolge ihrer Haltlosigkeit in der Freiheit zu verwahrlosen drohen. Sie müssen mindestens vorläufig entmündigt und dem Bezirksverband nach §27 des Sächsischen Wohlfahrtspflegegesetzes zur Verwahrung überwiesen sein. In diese Abteilung werden aber auch die nach §20 der Fürsorgepflichtverordnung durch die Verwaltungsbehörde zur Arbeit in die Anstalt eingewiesenen Leute untergebracht. Die *Bewahrtenabteilung* [später als Asyl bezeichnet; Anm. d. Autors] ist eine sogenannte Versorgungsabteilung, in die alte gebrechliche oder geistesschwache Leute aufgenommen werden, die in der Freiheit allein nicht ordnungsgemäß bestehen können und Betreuung und Fürsorge brauchen. Auch diese Leute möchten entmündigt sein. Es ist aber angängig, sie aufzunehmen, wenn sie ihre eigene Zustimmung zur Unterbringung hier gegeben haben.

Alle Unterzubringenden möchten das 21. Lebensjahr erfüllt haben. Jüngere Personen können nur aufgenommen werden, wenn eine psychiatrische Begutachtung vorliegt, die besagt, dass nur noch Verwahrung in Frage kommen kann.

Alle drei Abteilungen bestehen hier für männliche und weibliche Personen.

Das Verpfleggeld beträgt zur Zeit täglich 2,50 RM und ist vom zuständigen Bezirksfürsorgeverband zu zahlen. Aufnahmeanträge gibt es nicht. Es genügt die Einsendung der Akten des Fürsorgeamtes und die Abgabe einer

Verbindlichkeitserklärung wegen der Kostenzahlung."[72]

In diesem Schreiben wird der Charakter der Anstalt deutlich. In der Hauptsache wurden „Asoziale" in Bräunsdorf untergebracht, die sich nicht in der von den Nationalsozialisten gewünschten Weise in die „Volksgemeinschaft" eingebracht hatten. Wer nicht freiwillig arbeiten wollte oder konnte, sollte dies eben unter Aufsicht erlernen. Dies beinhaltete auch die Möglichkeit, sich zu bewähren und dann entlassen zu werden. Es ging also auch um die „Umerziehung" von vermeintlich „unnützen" oder „arbeitsscheuen" Personen hin zum Arbeiter für den nationalsozialistischen Staat. Dies wird auch in einer zweiseitigen Reportage des „Freiheitskampf"-Redakteurs Fritz Laukisch über die Landesanstalt Bräunsdorf aus dem Februar 1937 deutlich.

„Hier in der Landesanstalt haben sie [die Insassen; Anm. d. Autors] – selbstverständlich nicht aus freiem Antrieb – das gefunden, dem sie sich stets mit großer Geschicklichkeit zu entziehen gesucht haben: den in jeder Stunde geordneten, pflichtgemäßen Werktag. Sie lernen hier kennen, was produktive Arbeit ist und dass ein jeder Mensch von sich aus die Verpflichtung in sich trägt, etwas Nützliches zu schaffen. Abgesehen von der produktiven Arbeitsbetätigung der Anstaltsinsassen ist das primäre Arbeitsgebiet der Landesanstalt die Erziehung der eingelieferten Menschen. Dazu gehört, dass der innere, haltlose, lediglich seinen eigenen Ich-Trieben lebende Mensch zu der für ihn völlig neuen Haltung erzogen wird [...]."[73]

Ein umfassender Erfolg dieser „Erziehung" nahm Laukisch jedoch nicht an, da insbesondere auch „geistig Minderwertige" und „Erbkranke" in Bräunsdorf eingeliefert werden würden, was auch durch die Insassen diffamierende Bildunterschriften der abgedruckten Fotografien unterstrichen wurde.[74] Auch eine rassenhygienische Argumentation fehlte in dem Artikel von Laukisch nicht. Er schrieb, dass die Beschreibung der Landesanstalt gar nicht die ganze Bedeutung des staatlichen „Schutzes" durch die „Absonderung dieses abwegigen Menschenmaterials für die Gesund- und Reinerhaltung der Volksgemeinschaft" darstellen könnte.[75]

Ein verschärftes Vorgehen gegen als „asozial" stigmatisierte Personen wurde durch das „Gesetz gegen gefährliche Gewohnheitsverbrecher und über Maßregeln der Sicherung und Besserung" (künftig „Gewohnheitsverbrechergesetz") vom 24. November 1933 möglich. Eine wesentliche Neuerung dieser „Maßregeln" war die zeitlich unbestimmte, gegebenenfalls lebenslängliche Internierung. Lediglich für erstmals in ein Arbeitshaus eingewiesene Personen galt weiterhin die zuvor allgemeingültige zweijährige Höchstfrist. Da dies bei der Mehrheit der Arbeitshausgefangenen nicht der Fall war, bestand so für Bettler, Landstreicher und Prostituierte eine gesetzliche Möglichkeit zur lebenslänglichen Internierung.[76]

Die Landesanstalt Bräunsdorf konnte also für die Verurteilten eine End-station darstellen. Eine Unterbringung alter oder gebrechlicher Arbeitshaus-insassen war durch die Bewahrtenabteilung bzw. das Asyl der Anstalt, wo sie leichtere Arbeiten verrichten mussten, kein Problem.

Die Hauptaufgabe der Arbeitshäuser bestand im Arbeitszwang für die Insassen.[77] Auf dem Anstaltsgelände in Bräunsdorf existierten mehrere Möglichkeiten die Insassen einzusetzen. Eine der Möglichkeiten war das Flechten von Kokosmatten. Diese ließ das private Unternehmen Wagen-knecht und Voegler aus Radeberg in Bräunsdorf produzieren. Lukrativ war dies für die Firma, weil lediglich der Werkmeister der Firma vor Ort kein In-sasse war.[78] Bereits in der Erziehungsanstalt in der Weimarer Republik stellte das Unternehmen in Bräunsdorf Kokosmatten her. Insgesamt scheint die Fir-ma auf die Produktion in Anstalten spezialisiert gewesen zu sein, da sie auch in den Gefangenenanstalten in Bautzen und Waldheim Produktionsstätten unterhielt. Im Winter arbeiteten über hundert Personen in der Kokosmatten-produktion, während im Sommer nur etwa 60 Personen darin tätig waren.[79]

Der mit Abstand höchste Bedarf bestand in der Landwirtschaft. In Bräuns-dorf umfasste das gesamte Anstaltsgelände ca. 270 ha, wovon allein das Anstaltsgut 267 ha Land ausmachte.[80] Im Vergleich dazu betrug die durch-schnittliche Größe der sächsischen Anstaltsgüter nur 100 ha.[81] Für die Bewirt-schaftung der landwirtschaftlichen Fläche wurden die Anstaltsinsassen ein-gesetzt. Gerade im Sommerhalbjahr bedeutete das ein hohes Arbeitspensum für die Insassen.

Zudem verlieh die Anstaltsdirektion auch Arbeitskräfte an auswärtige Personen aus der Umgebung. Allein zwischen dem 6. März und dem 28. Oktober 1936 wurden in 175 Fällen insgesamt 2.035 Arbeitskräfte an Personen aus dem Umland verliehen, wobei nicht alle Anfragen von der Anstaltsdirektion genehmigt wurden.[82] Die Arbeit in der Anstalt hatte die höhere Priorität und durfte durch den Verleih nicht beeinträchtigt werden. Überwiegend forderten Bauern aus der Umgebung Insassen an, um sie in der Landwirtschaft einzusetzen. Eine Ausleihe konnte lediglich einen Tag dauern oder auch mehrere Wochen. Dementsprechend stellten die Insassen auch ein nicht zu unterschätzendes Arbeitskräftepotential für die umlie-genden Dörfer und Ortschaften dar. Die Anstalt zog aus dem Leihgeschäft ebenfalls ihre Vorteile. Denn die Anstalt sparte sich die Verpflegung der ver-liehenen Insassen und erhob eine Leihgebühr für benötigte Gerätschaften. Außerdem mussten die Antragssteller für die Unterkunft und Verpflegung der Arbeitsabteilung sorgen, einen Arbeitslohn von 1,10 RM und eine Unfall-fürsorge von 0,05 RM pro Insasse und Tag zahlen und der Abteilungsleiter, der die Insassen bewachte, bekam 2 RM pro Tag.[83] Auch für die Arbeit in der Anstalt erhielten die Insassen einen geringen Lohn, der von der Anstalt für die Zeit nach einer Entlassung angespart wurde. In der Praxis erhielten die meisten Insassen jedoch kaum etwas von dem Geld, weil die Anstalt damit tatsächliche und erfundene Schulden der einzelnen Personen beglich. Außerdem war für die meisten Insassen nicht klar, ob sie überhaupt wieder aus der Anstalt entlassen werden würden.

Anstaltsdirektor Schmidt war stets bemüht eine große Anzahl arbeitsfähige Insassen zu bekommen, um den eigenen Bedarf an Arbeitskräften zu decken und gleichzeitig möglichst viele weitere Arbeitskräfte an Auswärtige zu verleihen. In diesem Zusammenhang ist ein siebenseitiger Bericht von Schmidt aufschlussreich, den er in Beantwortung einer Anfrage für das sächsische Innenministerium verfasste. Der Ursprung lag in einer Verordnung des Reichsjustizministers vom 24. August 1938, die vorsah für Außenarbeit fähige Männer nicht ausschließlich in Arbeitshäusern unterzubringen. Das sächsische Innenministerium wollte deswegen wissen, ob eine Entlastung der Anstalt Bräunsdorf notwendig ist. Schmidt schrieb am 8. September 1938:

„Es liegt […] keine Veranlassung vor, eine Entlastung der hiesigen Anstalt in der Weise vorzunehmen, das gemäß der Verordnung des Herrn Reichsministers der Justiz vom 23. August 1938 […] künftig für Außenarbeiten geeignete männliche Arbeitshäusler nicht mehr hierher eingewiesen werden.

Die Anstaltsdirektion muss geradezu dringenst darum bitten, dass der hiesigen Anstalt in Zukunft alle arbeitsfähigen Bettler und Landstreicher zugewiesen werden. […]

Die Anstalt Bräunsdorf ist das einzige Arbeitshaus in Sachsen und seine für Außenarbeit geeigneten Insassen werden so zahlreich von landwirtschaftlichen und anderen Betrieben fast in ganz Sachsen zur Arbeit begehrt, dass die Anforderungen hier niemals voll befriedigt werden können.

Vom Februar jeden Jahres ab bis in den Dezember hinein sind 20-25 Außenabteilungen und Außenstationen in Stärke von 8-30 Mann für landwirtschaftliche, Meliorations-, Steinbruchs-, Straßenbauarbeiten usw. gestellt.

Die Anforderungen sind so groß, dass noch weitere 5-10 Abteilungen vergeben werden könnten. Nicht ein Unternehmer will zurücktreten, wenn ihm gesagt werden muss, dass alle für Außenarbeit geeigneten Arbeitshäusler für lange Zeit vergeben sind. Es waren Arbeitsabteilungen zu stellen, und diese sind jetzt noch an ihren Standorten in der Gegend von Wurzen, Großenhain, Meißen, Lommatzsch, Colditz und selbstverständlich auch außer-ordentlich zahlreich in der Freiberger Gegend bis weit in das Erzgebirge hinein. Wenn im vorigen Jahre schon über 60000 Arbeitstage in landwirtschaftlichen Betrieben geleistet worden sind, so wird die Zahl in diesem Jahre durch neu hinzugekommene Abteilungen in Steinbrüchen, bei Straßenbauten und bei Maliorationsarbeiten weit überschritten. Und dabei wird hier streng darauf Bedacht genommen, dass nur Arbeiten im Rahmen des Vierjahresplans zur

Sicherung der Volksernährung, zur Verbesserung und Neuerschließung von landwirtschaftlichen Grundstücken usw. in Frage kommen. Alle anderen Arbeiten müssen bei dem großen Bedarf für diese Arbeiten abgelehnt werden. In den wenigen des strengen Winters aber sind so viel Innenarbeiten hier zu erledigen, dass nicht ein arbeitsfähiger Arbeitshäusler wenig beschäftigt ist."[84]

Ausführlich beschrieb er die Notwendigkeit, Männer für die Außenarbeit in Bräunsdorf einzuweisen, um den Bedarf an Arbeitskräften der Umgebung, beziehungsweise für fast ganz Sachsen, wie Schmidt mitteilte, zu decken. Statt weniger Einweisungen nach Bräunsdorf, forderte Schmidt im Gegenteil noch mehr Arbeitsfähige für die Außenarbeit. Deswegen erwähnte er im zitierten Teil, aber auch später im Bericht, dass ausschließlich Außenarbeiten verrichtet werden, die für den Vierjahresplan wichtig waren. Somit mussten die Insassen Arbeiten verrichten, die für die nationalsozialistischen Autarkiebestrebungen und letztendlich für die Vorbereitung des Krieges von Bedeutung waren.

Deutlich wird zudem, dass die Arbeiten für die Insassen körperlich sehr anstrengend gewesen sind. Diese harte Arbeit hatte laut Schmidt aber erzieherischen Sinn, wie er im selben Bericht mitteilte:

„Gerade aber diese Außenarbeit ist die für die Zweckerreichung der Besserungsmaßregel wichtigste Betätigung der arbeitsfähigen Insassen. Wenn früher die Besserungserfolge der Korrektionsanstalt verschwindend gering waren, so ist das heute nach Erlass des Gesetzes vom 24. November 1933 über die Maßregeln zur Sicherung und Besserung wesentlich anders. Hier wird jetzt mit einem Besserungserfolg von 30% gerechnet, der sich in der Folgezeit sicher noch erhöhen wird. Die hier geübte bedingte Entlassung von Arbeitshäuslern mit Stellenvermittlung ist recht geeignet, den Willen der haltlosen Arbeitshäusler zu stärken. Sie halten in ihren angewiesenen Arbeitsplätzen jahrelang aus und mehrere haben sich dabei gut verheiratet und erfüllen die ihnen auferlegten und die durch Verheiratung freiwillig übernommenen Pflichten in bester Weise. Die Anstaltsdirektion kümmert sich lange um diese bedingt Entlassenen und steht ihnen mit Rat und Tat zur Seite, was sie gern annehmen und auch selbst suchen. Durch diese Entlassungen, die trotzdem nicht gewissenlos verfügt werden, ist der außerordentlich große Mangel an landwirtschaftlichem Dienstpersonal hier zwar noch nicht behoben, aber doch in vielen Fällen gemildert worden."[85]

Schmidt unterstrich, dass erst die nationalsozialistische Art der Besserungsmaßregel zum Erfolg geführt hätte. Die Pflicht zur harten Arbeit trug seiner Meinung nach einen großen Anteil dazu bei. Die angegebene Erfolgsquote von 30% hielt er für ausbaufähig. Dennoch wird an diesem Teil des Berichts auch die Entlassungspraxis deutlich. Insassen konnten vorläufig entlassen werden, wenn sie sich bei der Arbeit bewährt hatten und an eine Arbeitsstelle vermittelt werden konnten. Diese Arbeitsstelle wurde wieder meistens in der Landwirtschaft gefunden. In dieser Funktion blieben die Insassen durch die Anstalt weiterhin kontrolliert. Dementsprechend führte eine negative Beurteilung des vorläufig Entlassenen durch den Arbeitgeber schnell zurück in die Anstalt. So fanden die Landwirte der Umgebung billige Arbeitskräfte, die sich widerspruchslos fügen mussten oder sich andernfalls schnell in der Anstalt wiederfanden. Wie wahrheitsgemäß die Erfolgsmeldungen der Entlassungen und der dankbaren ehemaligen Insassen sind, lässt sich heute durch die fehlenden Insassenakten nicht mehr feststellen. In diesem Bericht wollte der Anstaltsdirektor damit die Wichtig- und Richtigkeit seiner Arbeit herausstellen, um mehr außenarbeitsfähige Personen zu bekommen.

Über die Länge eines Arbeitstages der Insassen in der Landesanstalt ist ein Briefwechsel zwischen den Anstaltsdirektionen der Arbeitshäuser Bräunsdorf und Vaihingen aus dem November 1938 aufschlussreich. In Bräunsdorf wurde in den Außenabteilungen im Sommer von 6:30 Uhr bis 18:30 Uhr mit drei Pausen (Frühstückspause 30 Minuten; Mittagspause 2 Stunden, Kaffeepause 30 Minuten) gearbeitet, während im Winter eine Stunde kürzer von 6:30 Uhr bis 17:30 mit zwei Pausen (2 Stunden Mittagspause und 30 Minuten Frühstücks- oder Kaffeepause) gearbeitet wurde.[86]

Die Personen, die für die Innenarbeit eingesetzt waren, mussten unabhängig von der Jahreszeit zwölf Stunden pro Tag arbeiten, wobei sie eine Stunde weniger Mittagspause hatten, als die Arbeitskolonnen bei der Außenarbeit. Im Vergleich dazu mussten die Insassen im Arbeitshaus Vaihingen 11,5 Stunden Arbeit pro Tag, mit drei Pausen von insgesamt zwei Stunden, verrichten. Die Arbeitsdauer war in Bräunsdorf und Vaihingen also relativ ähnlich. Im Arbeitshaus Breitenau in Hessen wurde zum Teil noch länger gearbeitet. „Bereits 1938 dauerte die tägliche Arbeitszeit im Sommer von 6:30 Uhr bis abends 19 Uhr oder sogar 20 Uhr."[87] Pro Woche waren sechs Arbeitstage vorgesehen und nur der Sonntag war in Bräunsdorf arbeitsfrei. Ob während der Erntezeit und in den Kriegsjahren wirklich an Sonntagen nicht gearbeitet wurde, ist jedoch durchaus fraglich.

Zusammenfassend kann die Funktion der Anstalt in den Jahren vor dem Zweiten Weltkrieg so beschrieben werden, dass die Umerziehung der Insassen nicht im Vordergrund stand, obwohl dies durchaus der Tradition der Arbeitshäuser entsprochen hätte. Letztlich nutzten die Nationalsozialisten die Institution Arbeitshaus um „asoziale" Personen aus der „Volksgemeinschaft" und dem öffentlichen Bild zu entfernen. Zusätzlich konnte die Arbeitskraft dieser Gruppe bspw. in der Landesanstalt Bräunsdorf nutzbringend eingesetzt werden. Wenn jemand nach dem Aufenthalt in Bräunsdorf dauerhaft in eine feste Stelle gebracht werden konnte, war dies ein positiver Nebeneffekt. Schlug der Versuch fehl, war der Weg zurück in die Arbeitshäuser vorgezeichnet. Später sollten sich die Verfolgung der „Asozialen" und der Arbeitszwang weiter verschärfen, was weiter unten noch dargelegt werden soll.

2.2 DAS PERSONAL

Die veränderte Funktion der Anstalt stellte auch andere Ansprüche an das Personal. Pädagogische Mitarbeiter wie Erzieher oder Lehrer wurden nicht mehr benötigt, da keine Minderjährigen mehr untergebracht wurden. Es kam aber auch zur Versetzung von Schwestern und Pflegern nach dem Ende der Erziehungsanstalt. Dagegen wurde nun wesentlich mehr Wachpersonal benötigt. Die Arbeit forderte auch vom Personal großen Einsatz. So hatte das Wärterpersonal 1937 ein Wochensoll von 48 Arbeitsstunden und zwölf Stunden Dienstbereitschaft, also zusammen 60 Stunden pro Woche zu erfüllen.[88]

Zu diesem Zeitpunkt benötigte die Anstaltsdirektion auch wesentlich mehr Aufsichtspersonal, als es Schmidt am Anfang annahm. Bei der Einrichtung im Herbst 1933 rechnete Schmidt mit 38 Männern und Frauen, die für das Bewachen der Insassen nötig seien.[89] Durch die stark angestiegene Belegung der Anstalt, die im nächsten Unterkapitel noch genauer betrachtet werden soll, benötigte die Anstalt auch deutlich mehr Aufsichtspersonal. Der Personalstand betrug am 17. Januar 1938 71 Arbeitsplätze in der Anstalt (33 Beamte, 5 Angestellte, 33 Arbeiter).[90] Auch wenn bei dieser Zahl das Aufsichtspersonal nicht einzeln aufgeführt wurde, sondern sich aus den meisten Beamten und Arbeitern zusammensetzt, wird deutlich, dass sich deren Anzahl um mindestens ein Drittel erhöht haben sollte. Dennoch konnte die Personalsteigerung nicht mit der Belegung mithalten, sodass das Wachpersonal immer mehr Insassen beaufsichtigen musste.

Bei den Angestellten handelte es sich bis auf wenige Ausnahmen um kein Fachpersonal. Auch Direktor Schmidt selbst war kein Mediziner oder Pädagoge. Gustav Schmidt wurde am 17. Oktober 1883 in Gröblitz bei Rochlitz geboren.[91] Nach der Volksschule arbeitete er bei der Bezirkssteuereinnahme Rochlitz. Von 1900 bis 1908 war er als Diätist in der Amtshauptmannschaft Rochlitz, im sächsischen Ministerium des Inneren und der Landesanstalt Waldheim tätig. Er trat im Dezember 1908 als Expedient in den Staatsdienst ein und arbeitete in der Landesanstalt Zschadraß. 1910 legte er die Assistentenprüfung ab und wurde nach Bautzen versetzt. Ab 1912 war er neun Jahre in der Landesanstalt Sachsenburg tätig, wo er 1918 die

Sekretärsprüfung erfolgreich absolvierte und mehrfach befördert wurde. Seine Zeit in Sachsenburg war von 1916 bis 1918 durch seine Teilnahme am Ersten Weltkrieg unterbrochen, an dem er als einfacher Gefreiter teilnahm. Ab 1921 setzte er seine Karriere im Ministerium des Inneren fort, ehe er 1926 zurück ins Anstaltswesen wechselte. In der sächsischen Landeskorrektionsanstalt Colditz war er zunächst für die Finanzen verantwortlich. Am 22. Dezember 1928 wurde er schließlich zum Anstaltsdirektor befördert. Schmidt hatte also durchaus einen erfolgreichen Karriereweg eingeschlagen. Nach dem Umzug der Anstalt nach Bräunsdorf behielt er die Position als Anstaltsdirektor über die gesamte Zeit der nationalsozialistischen Herrschaft.

Die medizinische Versorgung für die Insassen aus Bräunsdorf erfolgte durch einen nebenamtlichen Arzt.[92] Genauso erfolgte die psychiatrische Betreuung nebenamtlich und lediglich an einem Tag pro Woche, bis September 1935 durch den Chemnitzer Anstaltsarzt und danach durch einen Arzt aus der Heil- und Pflegeanstalt Hochweitzschen.[93]

Verbindungen des Personals und der Anstalt zur NSDAP waren in verschiedener Weise vorhanden. Viele traten in die NSDAP oder deren Gliederungen ein. Deutlich wird dies an einer Liste der angestellten Wärterinnen und Wärter, die im Mai 1938 durch die Anstalt zusammengestellt und in der auch die Mitgliedschaft in der NSDAP vermerkt wurde. Aus dieser Liste ergibt sich, dass von den 30 Wärterinnen und Wärtern zu diesem Zeitpunkt 20 in der NSDAP und vier Anwärter auf eine Mitgliedschaft waren.[94] 80% einer Personalgruppe, die täglich mit den Insassen agierte und sie bewachte, waren NSDAP-Mitglieder bzw. Anwärter. 14 Personen waren bereits vor der Einstellung in der Landesanstalt Parteimitglieder, während zehn danach eintraten. Ebenfalls ist auffällig, dass elf Personen bereits vor dem 30. Januar 1933 in die Partei eingetreten waren. Auch wenn keiner bereits in den Zwanzigerjahren zur NSDAP stieß, galten diese somit im Selbstverständnis der NS-Bewegung als „Alte Kämpfer". Sie gehörten also nicht zu den vielen Deutschen, die erst nach der Machtübergabe an die Nationalsozialisten in die NSDAP eintraten. Die vier Anwärterinnen und Anwärter hatten alle am 1. Mai 1937 ihren Willen zum Eintritt erklärt. Auch Gustav Schmidt trat erst an diesem Tag in die NSDAP ein. Allerdings engagierte sich Schmidt bereits seit 1933 aktiv für den Nationalsozialismus. Er war ab Juli 1933 für zwei Jahre SA-Sturmmann und fungierte in der SA als Geld- und Kammerverwalter. Von 1935 bis 1936 war er in NS-Volkswohlfahrt als Presse- und Propagandawart tätig.[95]

Der Bräunsdorfer NSDAP-Ortsgruppenleiter, Friedrich Merkel, war nicht nur gleichzeitig auch Führer des örtlichen SA-Sturms, sondern hauptberuflich Wärter in der Landesanstalt.[96] Auch weitere Anstaltsmitarbeiter engagierten sich aktiv in der Partei. So bat die Ortsgruppe Bräunsdorf am 18. August 1937 Anstaltsdirektor Schmidt fünf Parteigenossen vom 29.

August 1937 bis 14. September 1937 Urlaub zu gewähren, damit diese am „Marsch der Politischen Leiter" zum Reichsparteitag nach Nürnberg teilnehmen könnten. Weitere drei Männer sollten vom 8. bis 14. September 1937 beurlaubt werden, um zum Reichsparteitag zu fahren.[97] Die Jugendorganisationen der Nationalsozialisten profitierten ebenfalls von der Anstalt und ihren Mitarbeitern. Beispielsweise nutzte im März 1937 die Hitlerjugend viermal und der Bund Deutscher Mädel dreimal die Anstaltsturnhalle. Geleitet wurden die HJ-Turnabende durch die zwei Parteigenossen, Anstaltswärter und HJ-Scharführer, Herrmann und Pfeiffer.[98]

2.3 DIE BELEGUNG DER ANSTALT

Die Nationalsozialisten gingen bereits 1933 verstärkt gegen Landstreicher und Bettler vor. Sie sahen in den sogenannten Asozialen eine Gefahr für die „Volksgemeinschaft". In einer Studie aus Kriegszeiten benennt der Regierungsrat in der Abteilung Erb- und Rassenpflege im Reichsgesundheitsamt, Fred Dubitscher, diese Gefahren für die Volksgemeinschaft. Biologisch wären die „Asozialen" durch die erhöhte Kinderzahl und die Vermischung mit „biologisch Vollwertigen" gefährlich, während sie auch sozial eine Bedrohung darstellten, da sie nur durch verschiedene Zuwendungen des Staates ihr Leben führen würden, ohne etwas Positives zur „Volksgemeinschaft" beizutragen.[99]

Eine der Maßnahmen gegen diese vermeintliche Gefahr war deren Einweisung in Korrektionsanstalten bzw. Arbeitshäuser wie in Bräunsdorf. Die Zahl der Insassen nahm in den Monaten nach der Einrichtung der Anstalt schnell zu. Nach nicht einmal eineinhalb Jahren hatte sich die Insassenzahl fast verdreifacht. Gerade die Anzahl in der Korrektionsabteilung, eben jene Abteilung in der u.a. Bettler und Landstreicher untergebracht wurden, erhöhte sich in der Zeit von Oktober 1933 bis Februar 1935 von 61 Männern auf 312 Männern und 21 Frauen. In diesem Zeitraum vergrößerte sich die Zahl der Korrigenden also um mehr als das Fünffache. Dieser enorme Anstieg ist im Zusammenhang mit dem „Gewohnheitsverbrechergesetz" vom November 1933 zu sehen, da hier nach §42d die Unterbringung von Bettlern, Landstreichern und Prostituierten in einem Arbeitshaus vorgesehen war. Statt mit dem „Gewohnheitsverbrechergesetz" schwere Verbrechen zu ahnden, wurden häufig solche Bagatelldelikte bestraft. Die Justiz erhielt durch das Gesetz einen großen Handlungsspielraum und nutzte diesen häufig und durchaus im Sinne der nationalsozialistischen Rassenpolitiker gegen „Asoziale".[100] Bis 1939 wurden von den Gerichten insgesamt 7.500 Personen in Arbeitshäuser im ganzen Reich eingewiesen.[101]

Doch auch in den anderen beiden Abteilungen in Bräunsdorf waren

Zugänge zu verzeichnen, sodass im Februar 1935 in der Anstalt insgesamt 586 Personen untergebracht waren. Dadurch war die Anstalt zu diesem Zeitpunkt bereits überbelegt. Denn ursprünglich war die Belegungsmöglichkeit der Anstalt im August 1933 von der Hochbaudirektion und Direktor Schmidt auf 350 bis 400 Insassen beziffert worden, wobei die Verteilung auf das Hauptgebäude, das Knabenhaus, die Schule und das Mädchenhaus vorgesehen war.[102] Nun wurde deutlich mehr Raum benötigt. Deswegen wurden zu diesem Zeitpunkt bereits zusätzlich das Direktorwohnhaus, das Kinderhaus und das neue Krankenhaus als Unterkunftsmöglichkeiten genutzt, wodurch sich die Belegungskapazität laut Schmidt auf 600 Personen erhöhte.[103] Die gesteigerte Kapazität erreichte Schmidt aber nicht hauptsächlich durch die zusätzlich genutzten Gebäude, in denen maximal 90 Personen untergebracht werden konnten, sondern in den eigentlichen vier Unterkunftsgebäuden. Statt 350-400 Personen quartierte man nun bis zu 510 Personen dort ein. Auf dem selben Raum brachte die Anstaltsdirektion jetzt also schon mindestens 110 Personen mehr unter, als dies am Anfang vorgesehen war. Im Sinne von Direktor Schmidt war diese Überbelegung nicht, weswegen er am 8. Februar 1935 in einem längeren Bericht an das sächsische Innenministerium die Belegungsentwicklung in der Anstalt darlegte und einen Lösungsvorschlag unterbreitete.

„Hieraus ergibt sich, dass bereits jetzt das Hauptgebäude, das Direktorwohnhaus, das Knabenhaus und das neue Krankenhaus überbelegt sind und die übrigen Unterbringungshäuser nur noch wenig Raum für weitere Zuführungen bieten.

Anmeldungen von Neuzuführungen gehen aber täglich ein, insbesondere für die männlichen Korrektionsabteilungen und für Asylisten. Dass alle arbeitsscheuen, in Sachsen herumlungernden Elemente in der obigen derzeitigen Belegungszahl bei weitem nicht erfasst sind, geht daraus hervor, dass in den Wandererheimen [...], sowie in den Arbeiterkolonien [...] zur Zeit noch über 400 Wanderer freiwillig Unterkunft genommen haben, von denen erfahrungsgemäß bei Eintritt der wärmeren Jahreszeit ein nicht geringer Teil wieder auf die Landstraße geht und dann nach Bestrafung wegen Bettelns und Landstreichens ins Arbeitshaus und ins Asyl untergebracht wird.

So ist mit ziemlicher Sicherheit eine weitere Steigerung der Zahl der Korrektionäre und Asylisten hier zu erwarten, zumal die Entlassungen aus diesen Abteilungen mit den Zuführungen nicht Schritt halten können, weil die Eingewiesenen einesteils wegen ihrer tiefsitzenden Arbeitsscheu und wegen ihrer starken Neigung zum berufsmäßigen Betteln und Landstreichen längerer Gewöhnung an den ordnungsmäßige Dauerarbeit bedürfen und andererseits infolge der Schwierigkeit, einen geordneten Arbeitsplatz oder ein gesichertes Unterkommen für sie zu finden, nicht entlassen und wieder auf die Landstraße gestoßen werden können.

Aber nicht allein in den Korrektionär- und Asylistenabteilungen ist eine weitere Erhöhung der Insassenzahl zu erwarten, sondern auch in den Verwahrtenabteilungen. Das geht daraus hervor, dass sich die Zahl der männlichen Verwahrten bisher [...] fast verdoppelt hat."[104]

Aus unterschiedlichen Gründen sah Schmidt die Belegungsentwicklung noch nicht am Ende. Stattdessen rechnete er weiterhin mit einer deutlichen Zunahme der Insassenzahl in den folgenden Monaten. Die Chancen auf eine größere Anzahl an Entlassungen schätzte er gleichzeitig gering ein, da die „arbeitsscheuen" Neigungen bei vielen Insassen zu groß seien. Eine Verlegung in andere Anstalten hielt er auch nicht für angängig und brachte dafür im selben Bericht ein Beispiel.

„Der Rückgang allein der weiblichen Verwahrten ist nur eingetreten, durch die vom Wohlfahrtsamt der Stadt Chemnitz durchgeführte Verlegung von 15 Chemnitzer verwahrten Mädchen in das Michaelisstift Gefell i. Vgtl., das ein Verpfleggeld von nur 1,60 RM je Kopf und Tag erhebt, und ferner dadurch, dass einige Mädchen nach Ausführung der Unfruchtbarmachung von Wohlfahrtsämtern in offene beziehentlich billigere Heime verlegt worden sind. Diese von den Wohfahrtsämtern vorgenommene Versuche werden nach Ansicht der Anstaltsdirektion aber bald unterbleiben, weil hier fast ausnahmlos solche Mädchen in Verwahrung sind, die schon früher in anderen Heimen wegen ihrer unruhigen, zank- und streitsüchtigen Veranlagung usw. nicht gehalten werden konnten. Ein Chemnitzer Mädchen ist aus Gefell bereits wieder hierher zurückgeführt worden."[105]

Es gab für Schmidt keine alternative Unterbringungsmöglichkeit dieser vermeintlich schweren Fälle zu seiner Anstalt. Den Hauptgrund für das Verhalten der Mädchen sah er bezeichnenderweise in ihrer Veranlagung. Lediglich in der Landeskorrektionsanstalt hatte man aus seiner Sicht das Wissen und die Fähigkeiten, mit solchen Personen umzugehen. Abschließend schlug Schmidt dem sächsischen Ministerium des Inneren eine Lösung das Überbelegungsproblem vor.

„Die Anstalt Bräunsdorf ist künftig nur noch als Arbeitshaus und Asyl für Männer und Frauen zu verwenden.

Die zur Zeit in Bräunsdorf befindlichen männlichen und weiblichen Verwahrten [...] sind in die zur Zeit leerstehende, als Verwahrungsanstalt einzurichtende Anstalt Colditz zu verlegen. [...] Die nach Colditz zu verlegenden Verwahrten – es kommen nur wegen Trunksucht oder Geistesschwäche beziehentlich Geisteskrankheit Entmündigte und nur Mündige in Frage, die aus eigenem Entschluss beim zuständigen Bezirksfürsorge-verband um Unterbringung in der Verwahrtenabteilung nachgesucht haben, um Schutz vor Verwahrlosung zu finden – tragen dort ihre Eigentumsklei-dung, die auf Kosten der Fürsorgeverbände zu ergänzen und zu ersetzen ist. Die Anstaltskleidung, die die Verwahrten in Bräunsdorf tragen, ist für die Asylisten zu verwenden. [...]

Eine Weiterbetreuung der Verwahrten in Colditz durch die Anstaltsdi-rektion Bräunsdorf ist unzweckmäßig, sie ist durch die Anstaltsdirektion Zschadraß, welcher Anstalt die Verwahrungsanstalt Colditz als Zweiganstalt anzugliedern ist, durchzuführen."[106]

Nachdem er außerdem seine Gedanken zu Verwaltungsfragen, zur medizinischen Versorgung, zur Versetzung von Personal und zur seel-sorgerischen Betreuung von Colditz dargelegt hatte, schloss er seinen Bericht mit einem Ausblick.

„Durch eine solche Verlegung der hiesigen Verwahrten männlichen und weiblichen Geschlechts nach Colditz würde die Verwahrungsanstalt Colditz nach dem heutigen hiesigen Bestande mit 172 Verwahrten belegt. Diese Leute sind dort gut unterzubringen, es bleibt auch reichlich Platz für weitere Zuführungen.

Für die Anstalt Bräunsdorf aber würde diese Verlegung der Verwahrten die unerlässlich notwendige Platzschaffung für weitere mit Sicherheit zu erwartende Zugänge ins Arbeitshaus und Asyl bringen.

Für den Staat bedeutet sie nach diesseitiger Ansicht den billigsten Weg."[107]

Vermutlich wollte Schmidt die Verwahrtenabteilung nicht loswerden um der Überbelegung der Anstalt entgegenzutreten und die Lebenssituation der Insassen zu verbessern. Vielmehr benötigte er den Raum für die zu erwar-tenden neuen Einweisungen in das Arbeitshaus. Schmidt war immer an der Arbeitskraft der Arbeitshausinsassen interessiert, da er ihre Arbeitsfähigkeit höher einschätzte als die der Männer und Frauen der Verwahrtenabteilung. Mehr Arbeitshausinsassen versprachen höhere Arbeitsleistungen, während die Personen der Verwahrtenabteilung tendenziell betreuungsintensiver waren und weniger Arbeit leisten konnten. Gründe für die Einweisung in die Verwahrtenabteilung waren eben u.a. Alkoholismus und Unfähigkeit zur Lebensführung.

Der Vorschlag stieß im Ministerium des Inneren durchaus auf Anklang. Offensichtlich zog es das Ministerium durchaus in Erwägung, Colditz wieder zu öffnen und einen Teil der Bräunsdorfer Insassen dorthin zu verlegen. Dies zeigt sich daran, dass der psychiatrische Berater Sachsens,

Paul Nitsche, eingeschaltet und eine Besichtigung der Anstalten mit Nitsche, Schmidt und von Littrow vom Ministerium des Inneren angesetzt wurde. Am 4.März erhielt Schmidt eine Nachricht von von Littrow:

„Herr Professor Dr. Nitsche und ich beabsichtigen, am nächsten Donnerstag über Bräunsdorf nach Zschadraß und Colditz zu fahren. Wir möchten uns zunächst in Bräunsdorf ein Bild von der gegenwärtigen Belegung der Anstalt machen. Zu Mittag wollen wir bereits in Zschadraß sein. Der Nachmittag soll dann einer Besichtigung der Anstalt Colditz dienen. Ich halte es für zweckmäßig, dass Sie an dieser Besichtigung der Anstalt Colditz teilnehmen, da Sie ja die Anstalt am besten kennen und Ihr Rat uns daher besonders wertvoll ist."[108]

Von den Zuständen in Bräunsdorf wollte sich das Ministerium des Inneren selbst überzeugen. Zudem sollte Schmidt anschließend Nitsche und von Littrow nach Zschadraß und Colditz begleiten. Als ehemaliger Anstaltsdirektor in Colditz verfügte Schmidt über genügend Erfahrungswerte vor Ort, die für eine Bewertung der Situation benötigt wurden. Am 7. März 1935 fand die Besichtigung der Anstalten statt, wobei das Ergebnis nicht der ursprünglichen Bitte von Schmidt folgte. Am 12. März 1935 hielt von Littrow fest:

„Es zeigte sich, dass das Frauenhaus nicht ausgenutzt ist und dass, wenn die Frauen in ein kleineres Gebäude verlegt werden und das jetzige Frauenhaus für Männer verwendet wird, die Zahl der Plätze um mindestens 60 bis 80 erhöht werden kann. Anstaltsdirektor Schmidt hielt es für möglich, dass bei dieser Erhöhung der Platzzahl in Zukunft die Einweisungen durch entsprechende Entlassungen ausgeglichen werden können, sodass dann eine Verlegung der Verwahrten in eine andere Anstalt aus Raumgründen vielleicht gar nicht mehr erforderlich sein würde."[109]

Statt einer Verringerung der Insassenzahl in Bräunsdorf durch die Verlegung der Verwahrtenabteilung, beschloss das Innenministerium, den verfügbaren Raum verändert zu nutzen und noch mehr Personen unterzubringen. Schmidts Vorschlag war gescheitert und er fügte sich der Entscheidung des sächsischen Innenministeriums. Die oben zitierte Einschätzung, dass sich die Zahl der Aufnahmen mit der Zahl der Entlassungen ausgleichen sollte, trat in den folgenden Jahren jedoch nicht ein. Wie in der Tabelle 1 erkennbar, vergrößerte sich die Insassenzahl im Laufe des nächsten Jahres noch einmal deutlich, um fast 240 Personen auf 823. Jetzt befanden sich bereits mehr als doppelt so viele Menschen in der Anstalt als es im Oktober 1933 vorgesehen war. Hauptsächlich die 150 Personen mehr im Arbeitshaus hatten die erneute Erhöhung herbeigeführt, aber auch in den anderen beiden Abteilungen wurden mehr Personen untergebracht. Eine interessante Randnotiz ist, dass Ende Januar 1936 auch vier Männer und eine Frau als „Schutzhäftlinge" in Bräunsdorf gewesen sind. Warum und wie lange die „Schutzhäftlinge" untergebracht waren, bleibt jedoch unbekannt.

In den folgenden Jahren bis zum Krieg blieb die Insassenzahl konstant hoch. Den Höhepunkt stellte dabei das Jahr 1938 dar, in dem sich durchschnittlich 848 Personen in der Anstalt befanden.

Die hohe Belegung hatte allerdings nicht nur Nachteile für die Anstalt. Wirtschaftlich betrachtet war sie für die Arbeitshäuser im Reich durchaus erwünscht. Innerhalb weniger Jahre konnte das Arbeitshaus Breitenau seine kompletten Schulden begleichen, war unabhängig von Zuschüssen und erwirtschaftete Überschüsse.[110] Auch die Landesanstalt Bräunsdorf zog aus den vielen Insassen finanzielle Vorteile. Allein im Rechnungsjahr 1935 erwirtschaftete die Anstalt einen Überschuss von 143.401 RM.[111] Dieser enorme Gewinn war nur durch die organisierte Ausbeutung der Arbeitskraft der Insassen möglich. Für spätere Jahre existieren in den Akten keine Haushaltspläne mehr, da aber die Insassenzahl in den folgenden Jahren weiter stieg, dürften noch größere Überschüsse erwirtschaftet worden sein. Hieraus wird auch verständlich, warum Direktor Schmidt sich zwar über die Belegungsstärke beschwerte und bereit war, Insassen aus dem Asyl oder der Verwahrtenabteilung abzugeben, gleichzeitig aber immer bemüht blieb, arbeitsfähige Männer in Bräunsdorf unterzubringen. Eine Bewertung, die Kurt Haustein aus dem sächsischen Ministerium des Inneren 1940 über Schmidt verfasste, lobte ausdrücklich sein wirtschaftliches Geschick: „Eine fast kaufmännische Veranlagung Schmidts hat in den letzten Jahren dazu geführt, dass die Anstalt Bräunsdorf durch die Außenarbeitskolonnen im besonderen Maße, aber auch durch die Regiearbeiten in der Anstalt wesentliche Überschüsse für die Staatskasse erbrachten."[112]

Anträge zur Einweisung kamen nicht nur von staatlicher Seite, sondern auch Privatpersonen fragten an, ob es möglich wäre, Verwandte, z.B. wegen Alkoholismus, in Bräunsdorf aufzunehmen. Eine seltsame anmutende Anfrage kam am 2. Juni 1939 über den Wohlfahrtsdienst der Inneren Mission Meißen an die Anstaltsdirektion in Bräunsdorf. Ein Vater aus Meißen wollte seine 19-jährige Tochter Elisabeth für ein Vierteljahr in Bräunsdorf unterbringen lassen, weil „seine Tochter seit längerer Zeit aus ihren Stellen fortläuft und sich mit Männern herumtreibt. [...] Herr T. ist der Ansicht, dass eine erneute Vermittlung in eine Arbeitsstelle bei dem Verhalten des Mädels sinnlos ist. Er hat ihr schon öfters angedroht, sie in eine Anstalt zu bringen, wenn sie ihren Lebenswandel nicht bessert. [...] Herr T. hofft, dass seine Tochter, wenn sie sieht, dass ernst gemacht wird, sich nach der Unterbringung bessern wird."[113] Anstaltsunterbringung als abschreckende Erziehungsmaßnahme war in diesem Fall der Grund für die Anfrage des Vaters über die

Innere Mission an die Anstaltsdirektion. Solche Anträge wurden meistens mit dem Verweis auf den Platzmangel abgelehnt.

Durch die zunehmende Verfolgung von Bettlern, Landstreichern, Prostituierten usw. stieg die Anzahl der Insassen in allen Abteilungen in der Landesanstalt Bräunsdorf in den Jahren bis zum Krieg stark an. Gerade das Arbeitshaus war stark belastet. Mit dem „Gewohnheitsverbrechergesetz" setzte eine Flut von Einweisungen in die Arbeitshäuser ein, die am Ende der Weimarer Republik halbleer gestanden hatten.[114] Die hohe Belegung der Landesanstalt Bräunsdorf stellte dabei kein Einzelfall dar, sondern war im Gegenteil die Regel. Schnell wurde die Belegungsstärke der Anstalt von maximal 400 Personen, wie es am Anfang vorgesehen war, obsolet. Tatsächlich wurden meist mehr als doppelt so viele Personen untergebracht.

	Verwahrten-abteilung	Korrektions-abteilung (Arbeitshaus)	Bewahrten-abteilung (Asyl)	Gesamt
01.10.1933	137 (62 Männer, 75 Frauen)	61 Männer		198
08.02.1935	172 (110 Männer, 62 Frauen)	333 (312 Männer, 21 Frauen)	81 Männer	586
31.01.1936	211 (141 Männer, 70 Frauen)	483 (438 Männer, 45 Frauen)	129 Männer	823
10.03.1936	208 (142 Männer, 66 Frauen)	496 (452 Männer, 44 Frauen)	131 Männer	835
1937	278 (203 Männer, 75 Frauen)	552 (520 Männer, 32 Frauen)	Bei männlichen Arbeitshäuslern	830
1938	276 (197 Männer, 79 Frauen)	572 (530 Männer, 42 Frauen)	Bei männlichen Arbeitshäuslern	848
1939	344 (237 Männer, 107 Frauen)	482 (436 Männer, 46 Frauen)	Bei männlichen Arbeitshäuslern	828

Tabelle1: Belegung der Landesanstalt Bräunsdorf bis 1939

2.4 Die Ernährungssituation

Eine der wichtigsten Faktoren für das Anstaltsleben war die Ernährungslage der Insassen. In wirtschaftlich schwierigen Situationen war es durchaus üblich die Tageskostsätze in Heil- und Pflegeanstalt, Arbeitshäusern und Gefängnissen zu senken. Bräunsdorf war von solchen Senkungen ebenfalls betroffen. Letztmalig in der Weimarer Republik wurden in Folge der Weltwirtschaftskrise die Kostsätze im Juli 1932 in der Erziehungsanstalt Bräunsdorf in der oberen Kostklasse von 1,10 RM auf 1,00 RM und in der unteren Kostklasse von 0,75 auf 0,68 RM pro Tag und Kopf gesenkt.[115] Nach der Machtübergabe an die Nationalsozialisten wurde die Senkung der Kostsätze zum politischen Prinzip. Schnell folgte im Juni 1933 eine Herabsetzung des Verpflegungssatzes pro Tag von 0,68 RM auf 0,65 RM, die sogar rückwirkend ab dem 1. Mai desselben Jahres Gültigkeit hatte.[116] Eine obere Verpflegungsklasse existierte in der Erziehungsanstalt schon nicht mehr. Diese Entwicklung setzte sich auch mit der neuen Funktion der Anstalt in Bräunsdorf fort. Ab September 1934 sollten nach Anweisung des sächsischen Innenministeriums lediglich 0,55 RM pro Tag und Person aufgewendet werden.[117] Im Vergleich zum Arbeitshaus Breitenau war dies 1934 noch ein hoher Kostsatz. Ayaß stellte für Breitenau zu dieser Zeit tägliche Verpflegungskosten von 0,49 RM fest.[118] Für die Zeit danach ist nicht klar, wie genau sich die Tageskostsätze in Bräunsdorf weiter entwickelt haben. Es kommen jedoch nur weitere Senkungen in Frage. In Breitenau sanken die Kostsätze bis 1939 auf 0,35 RM pro Kopf und Tag für die Insassen.[119] Neben der Senkung der Kostsätze wurden vom sächsischen Ministerium des Inneren auch immer wieder Anweisungen gegeben, bestimmte vollwertige Nahrungsmittel durch billigere zu ersetzen. Beispielsweise sollte ab 1936 verstärkt Sojamehl und ab 1937 mehr Magermilch verwendet werden.[120]

Wahrscheinlich sanken die Kostsätze in Bräunsdorf über die nächsten Jahre weiter. Erstaunlich ist, dass die tägliche Kostsätze in Bräunsdorf im Jahr 1934 deutlich geringer waren als in den sächsischen Heil- und Pflegeanstalten. Dort betrugen die Tageskostsätze der unteren Verpflegungsklasse noch im Januar 1938 0,60 RM, sanken dann aber stark ab, bis sie im Januar 1940 nur noch bei 0,35 RM pro Person lagen.[121]

Obwohl keine Zahlen zur Ernährung in Bräunsdorf für die Jahre nach 1934 in dem Aktenbestand zu finden waren, gibt es Hinweise auf die Mangelernährung in der Landesanstalt.

Ein Teil der Verwahrtenabteilung war offen, weswegen sich diese Verwahrten auch zeitweise ins Dorf begeben durften. Über eine Begebenheit in diesem Zusammenhang beschwerte sich Schmidt 1938.

„Knauth [ein Kaufmann aus Bräunsdorf; Anm. d. Autors] zeigt sich

immer wieder als offener Gegner der Anstalt, stört das hiesige Erziehungs-
werk und geht über unsere Wünsche lächelnd hinweg. [...] Ich habe auch
dem Angestellten Günther von der Sache Kenntnis gegeben. Ihm gegenüber
hat Knauth gesagt, unsere Verwahrten seien auch Menschen und sie klagten
so, dass sie so wenig zu essen bekämen, da müsse er ihnen eben etwas geben,
auch wenn sie kein Geld hätten. Es sei auch nicht schlimm, wenn er das Geld
für Weise von der Anstalt nicht wieder bekäme. So leistet er auch dem Betteln
und schließlich dem Betrug Vorschub, namentlich wenn er solche Gedanken
selbst ausspricht. Er verdient anscheinend an dem Großeinkauf der Anstalt,
der allvierteljährlich bei ihm getätigt wird, zu viel."[122]

Die Bewegungsfreiheit nutzten einige Verwahrte um sich zusätzlich
Nahrungsmittel bei dem Kaufmann Knauth zu besorgen, was Schmidt als
Feindseligkeit des Kaufmanns wertete.

Ein anderes Beispiel ist ein Schreiben von Direktor Schmidt an den Bürgermeister von Großschirma vom August 1942:

„Dass unsere Leute nicht satt würden ist ein unwahres Geschwätz. Ich
kann nachweisen, dass sehr viele unserer Leute nach Hause schreiben, dass
sie hier noch reichlich zu essen bekommen und gern auf Außenkommando
arbeiten. So wie ich unsere Leute kenne, würden die nicht schreiben, wenn
sie nicht satt würden und Hunger leiden müssten. Einen einzigen Menschen
habe ich hier, der auch mir sagt, dass an dem Essen die Fettstoffe fehlen. Das
ist aber ein verbissener Kommunist, der alt ist und nicht gern sterben will.
Einen solchen Kerl darf man nicht ernst nehmen."[123]

Hintergrund war eine Meldung des Bürgermeisters aus dem Monat
zuvor, dass die Arbeiter der Außenkolonne aus der Landesanstalt Bräunsdorf
in der Stadt Bürger nach Essen gefragt hatten und der Bürgermeister eine
schlechte Ernährung der Anstaltsinsassen vermutete. Schmidt bot dagegen eine
andere Erklärung. Die Essensbringer hätten die Kartoffeln an eine örtliche Frau
abgegeben und von ihr im Gegenzug Tabak, Kaffee und Kuchen erhalten,
anstatt die Kartoffeln an die Arbeitskolonne aus Bräunsdorf zu
verteilen. Während sich die meisten nicht über Hunger beklagen würden,
beschwere sich, laut Schmidt, lediglich ein alter Kommunist über die
Ernährung. Angesichts der harten Arbeit und des zweifelsfrei niedrigen
Kostsatzes in der Anstalt beschönigte Schmidts Erklärung die Situation lediglich.

2.5 Zwangssterilisationen

Bei diesem Abschnitt macht sich das Fehlen der Insassenakten aus Bräunsdorf besonders negativ bemerkbar. Trotzdem möchte ich die wenigen Aspekte der Zwangssterilisation von Bräunsdorfer Insassen und Patienten, die sich aus den allgemeinen Akten ergaben, darstellen. Deswegen ist der relativ kurze Abschnitt nicht mit einer geringen Bedeutung der Zwangssterilisationen gleichzusetzen, sondern Ausdruck der Aktenlage. Trotz einiger Forschungen zu den Zwangssterilisationen in Sachsen in den letzten Jahren bleiben diesbezüglich noch viele Fragen offen.[124] Dies betrifft auch die Zwangssterilisation von Bräunsdorfer Insassen. Obwohl die Gründe für eine Unterbringung in der Korrektionsanstalt aus heutiger Sicht in erster Linie im Sozialverhalten zu sehen sind, waren sie im Nationalsozialismus ein Anzeichen für geistige Minderwertigkeit. Diese vermeintliche geistige Minderwertigkeit galt für die Nationalsozialisten wiederum als vererbbar. Dubitscher unterstrich 1942 nochmal die außerordentliche Bedeutung der Zwangssterilisationen: „Soll wirklich die Asozialität eingedämmt und zurückgedrängt, der gesunde Volkskörper gesund erhalten werden, so muss das Eindringen neuer asozialer Keime unterbunden werden. Das ist nur möglich durch eine Ausschaltung anlagemäßig Asozialer aus dem Fortpflanzungsprozess."[125] Durch ihr Sozialverhalten konnten Arbeitshausinsassen auch unter das „Gesetz zur Verhütung erbkranken Nachwuchses" von 1933 fallen. Gisela Bock urteilte über das Gesetz: „Die psychiatrischen Bestimmungen waren soziale Urteile und, darüber hinaus, Werturteile. Dass die unter diesen Diagnosen Erfassten nicht wegen einer ‚Krankheit', sondern wegen ihres ‚minderen Werts' sterilisiert wurden, war von den dominierenden Strömungen der Psychiatrie seit einem halben Jahrhundert vorbereitet worden."[126] Explizit wurden im GzVeN „angeborener Schwachsinn" und „schwerer Alkoholismus" als Gründe für eine Sterilisierung genannt, die die Nationalsozialisten ohne weiteres auf die Insassen aus Bräunsdorf anwenden konnten. Über die hohe Bedeutung von sozialen Kriterien schrieb Bock weiter:

„Soziale Abweichungen waren besonders dort greifbar, wo nach Sterilisationskandidaten in bestimmten sozialen Gruppen gefahndet wurde: Wohlfahrtsempfänger, Fürsorgezöglinge, Anstaltsinsassen, Hilfsschüler, Strafhäftlinge, Prostituierte, Landstreicher, Zuhälter usw. [...] Alles, was ‚soziales Unvermögen' betraf, konnte zur Diagnosestellung beitragen: zwar nicht im Sinne einer hundertprozentigen Beweisführung, aber im Sinn von Verdacht und Wahrscheinlichkeit. Vor allem aber galt in der Sterilisationsdiagnostik eine spezifische Nicht-Umkehrbarkeit des Verdachts: Negativ galt zwar als ‚belastend', Mangel an Negativem oder Positives aber nicht als entlastend."[127]

Daraus ist ersichtlich, dass die Insassen der Landesanstalt Bräunsdorf allein durch ihren Aufenthalt in der Anstalt und dem Grund dafür, potentiell zu den Personen gehörten, die zwangssterilisiert werden konnten. Deswegen ist es äußerst wahrscheinlich, dass Insassen regelmäßig für eine Zwangssterilisation angezeigt wurden. Dies legt u.a. die Patientenakte von Ernst Arnold nahe, der 1943 in der Landesanstalt Großschweidnitz starb.[128] Von 1936 bis 1937 war Arnold zunächst in der Verwahrtenabteilung in Bräunsdorf untergebracht. Sein Vater hatte ihn nach der Entmündigung dort unterbringen lassen. Nach knapp vier Monaten in Bräunsdorf beantragte Direktor Schmidt am 20. Februar 1937 die Zwangssterilisation von Arnold. Das entsprechende ärztliche Gutachten mit der Diagnose „Schizophrenie" lieferte Anstaltspsychiater Dr. Kurt Apitz. Mitte April 1937 beschloss das Erbgesundheitsgericht Zwickau die „Unfruchtbarmachung". Daraufhin wurde Arnold am 10. August 1937 im Stadtkrankenhaus Freiberg zwangssterilisiert. Ein zweiter nachvollziehbarer Sterilisationsfall aus Bräunsdorf im Bestand der Landesanstalt Großschweidnitz betrifft Reinhold Kocksch.[129] 1935/36 war gegen ihn ein Sterilisationsverfahren wegen „schweren Alkoholismus" beim Erbgesundheitsgericht Freiberg anhängig. Obwohl die Patientenakte keinen Beschluss des Gerichts enthält, kann eine Zwangssterilisation während seiner Zeit in Bräunsdorf als gesichert gelten, da sich 1940 bei einer Untersuchung in Großschweidnitz Sterilisationsnarben fanden. Wie weiter unten noch ausführlich dargestellt wird, waren während des Zweiten Weltkrieges auch Kinder und Jugendliche in einer speziellen Abteilung in Bräunsdorf untergebracht. Auch sie waren vom GzVeN betroffen. So wurde bspw. Siegfried Köchel mit gerade einmal 15 Jahren während seines Aufenthalts in der Abteilung für „bildungsfähige Schwachsinnige" in Bräunsdorf am 20. September 1943 im Freiberger Krankenhaus zwangssterilisiert.[130]

Was für Konsequenzen eine Zwangssterilisierung für den Einzelnen haben konnte, wird in einem Briefwechsel zwischen Direktor Schmidt und dem Vorstand des Jugend- und Wohlfahrtsamtes Chemnitz über zwei Bräunsdorfer Insassen deutlich. Vom eigentlichen Thema abweichend erwähnt Schmidt am 9. Juli 1935 nebenbei:

„Bei Krause war die Beurlaubung aber richtig, denn dieser Mann muss selbst einsehen lernen, dass er in der Freiheit nicht ordnungsmäßig bestehen kann. Er muss in Versorgung genommen werden. Seinen geistigen Rückgang konnte man hier mit einer gewissen Sicherheit feststellen, besonders aber nach der Unfruchtbarmachung. Dieser Krause-Fall war mir wirklich interessant, eigentlich der erste, bei dem man nach Unfruchtbarmachung doch einen geistigen Rückgang merkte und zwar alsbald nach der Sterilisation."[131]

Der offensichtliche Zusammenhang von Sterilisierung und geistigem Verfall bei diesem Insassen erweckte das Interesse des Anstaltsdirektors. In diesem Fall wurde eine Person durch die Zwangssterilisierung erst richtig krank gemacht und würde nun nach Schmidts Einschätzung den Rest seines Lebens in Anstalten verbringen müssen. Zudem wird durch die Formulierung Schmidts klar, dass zwangssterilisierte Insassen bereits 1935 üblich waren. Im gesamten Deutschen Reich waren 1936 schon 4,7% der männlichen und 9,7% der weiblichen Arbeitshausinsassen zwangssterilisiert und bei weiteren 3,9% der Männer und 4,9% der Frauen war die Zwangssterilisation bereits beschlossen.[132] Die Beispiele zeigen, dass auch Insassen der Landesanstalt Bräunsdorf zwangssterilisiert wurden, auch wenn sich das Ausmaß nicht mehr ohne weiteres quantifizieren lässt. Gustav Schmidt konnte zwar mangels medizinischer Kenntnisse die Fälle nicht bewerten, war als Anstaltsdirektor jedoch für die Beantragung der Fälle zuständig. Trotz des Eingriffs in die körperliche Unversehrtheit der Insassen und der von ihm festgestellten Probleme stand er den Zwangssterilisationen offensichtlich nicht ablehnend gegenüber.

2.6 KAMPF GEGEN DEN ALKOHOLMISSBRAUCH

Die nationalsozialistische Position zum Alkohol war durchaus ambivalent. Einerseits die Gefahren des Alkohols und das leuchtende Beispiel des „Führers" als Abstinenzler, andererseits Furcht vor den wirtschaftlichen Folgen einer Prohibition.[133] Außerdem gehörte Alkohol zu vielen Versammlungen der Nationalsozialisten dazu und Alkoholismus war unter den Anhängern genauso verbreitet, wie in der restlichen Gesellschaft. Dennoch passte übermäßiger Alkoholkonsum nicht zum soldatischen Selbstverständnis der Nationalsozialisten. Heinrich Himmler bspw. fühlte sich auch als Erzieher der SS und sprach bei alkoholbedingten Vorfällen gerne Alkoholverbote aus.[134] Für Alkoholiker, die nicht zur NS-Elite gehörten, hatten die Nationalsozialisten andere Maßnahmen vorgesehen. Ernst Klee brachte diese Maßnahmen auf den Punkt: „Zwangsverwahrung, Zwangsarbeit, Zwangssterilisierung, das sind die Schlagworte, mit denen der Kampf gegen jene Trinker geführt wird, die als erbbiologisch minderwertig gelten."[135] In diesem Sinne wurde auch in Bräunsdorf vorgegangen.

Ein besonderes Augenmerk lag demnach in der Anstalt auf den alkoholabhängigen Personen, die in die Korrektionsanstalt eingewiesen wurden. Anstaltsdirektor Schmidt engagierte sich schon in den 1920er Jahren gegen den Alkoholmissbrauch. Wie die Alkoholiker in der Anstalt behandelt werden, interessierte auch den Direktor der Heil- und Pflegeanstalt Pirna-Sonnenstein, Paul Nitsche, weswegen er mit Schmidt erstmals 1932 in Kontakt stand und die Anstalt, zu diesem Zeitpunkt noch in Colditz, besuchen wollte.[136] Schmidt berichtete Nitsche über die Unterbringung der Trinker in der Anstalt und zeigte sich für Hinweise des damals bereits hochgeehrten Professors dankbar. Geradezu unterwürfig antwortete er Nitsche: „Eine Erlaubnis zum Besuche unserer Anstalt bedarf es für Ew. Hochwohlgeboren nicht. Die Freude ist auf unserer Seite, wenn wir die Ehre haben dürfen, Ew. Hochwohlgeboren hier zu begrüßen. Wir sind dankbar, wenn wir recht offen ausgesprochene Anweisungen entgegennehmen dürfen, die unsere Aufgaben gegenüber den Trinkern in zielsichere Bahnen lenken."[137] Nach dem Umzug der Anstalt von Colditz nach Bräunsdorf stieg die Anzahl der wegen Alkoholmissbrauchs eingewiesenen Personen, wie die Gesamtzahl der Insassen an. Neben der Ausnutzung der Arbeitskraft der Alkoholiker, gab es tatsächlich auch eine Art Hilfestellung, die Sucht wirklich zu überwinden. Die Anstalt vermittelte Besserungswillige nach einer Entlassung an Vereine, die die Abstinenz der Personen begleiten sollten. In erster Linie suchte die Anstalt Kontakt zum Verein „Blaues Kreuz".

Den Grund für den von ihm vermittelten Kontakt der Trinker zum „Blauen Kreuz" schrieb er in einem Brief am 19. Februar 1934:

„Ich persönlich lege Wert darauf, die Verwahrten, die aus Orten kommen, wo die Bezirksfürsorgeverbände keine festen Bedingungen stellen, dem Blaukreuzverein zuzuführen, weil ich die Erfahrung habe, dass bei vielen das Trinken deshalb noch nicht abgelegt werden konnte, weil sie keinen Wert auf Kirche und Glauben legten. Deshalb habe ich hier auch für die Verwahrten den Kirchgangzwang eingeführt und gebe Bibeln und Testamente aus."[138]

Alkoholismus deutete für ihn auf eine schwache Haltung der Person, die durch Religion gefestigt werden kann. Weiter schrieb er:

„Die Korrektionäre (Brüder der Landstraße) verlachen die Enthaltsamkeitsvereinigungen. Wenigstens war das bisher der Fall, wo sie nach Ablauf ihrer Korrektionsnachhaft wieder bettelten und sich landstreichend umhertrieben. Es muss als ein Segen bezeichnet werden, dass wir sie nun solange halten können, bis wir Vertrauen zu ihnen für ein geordnetes Leben fassen können und ihnen vielleicht auch eine Arbeit und damit einen Wohnsitz verschaffen können. Bei diesen habe ich jetzt energisch begonnen, die Nachteile des Alkoholgenusses klar vorzuzeichnen. Aber auch darüber haben sie jetzt noch gespöttelt, weil sie noch nicht glauben, dass sie hier lange gehalten werden können. Erst wenn einige Exempel statuiert sein werden, werden wir auch bei diesen Leuten willigere Ohren und mehr Verständnis erkennen können."[139]

Schmidt begrüßte das härtere Vorgehen im nationalsozialistischen Staat gegen die Landstreicher. Denn so konnten sie länger in Verwahrung bleiben und erst dann entlassen werden, wenn sie die Anstaltsdirektion wirklich für gebessert hielt. Einen großen Teil der Besserung sah Schmidt in der Erkenntnis, dass der Alkohol sich nachteilig auf ihr Verhalten und Leben auswirkt. Deutlich wird auch, dass Schmidt die Veränderung in der Behandlung der Insassen gegenüber den Tagen der Weimarer Republik erkannte. Er als Anstaltsdirektor konnte jetzt deutlich mehr über die Insassen entscheiden.

Mit allzu schnell abgegebenen Enthaltsamkeitserklärungen war Schmidt allerdings nicht zufrieden, da er deren Ernsthaftigkeit in Frage stellte. So warnte er den Direktor des Deutschen Hauptvereins vom Blauen Kreuz am 10. August 1937:

„Bei den in Frage kommenden Personen handelt es sich zwar fast durchweg um sittlich und moralisch niedergeführte Trinker, die zu innerer Umkehr in die hiesige Anstalt als Verwahrte eingewiesen worden sind. Unter ihnen befinden sich z.Zt. recht schwere Verwahrlosungsfälle, die durchschnittlich 1-2 Jahre und noch länger gehalten werden müssen. [...] Die Landesanstalt Bräunsdorf ist eine geschlossene Anstalt. Infolgedessen ist den hiesigen Insassen nicht die mindeste Gelegenheit geboten, Alkohol in irgendeiner Form zu erlangen bez. zu sich zu nehmen. Unter diesen Gesichtspunkten halten wir es nicht für zweckmäßig, wenn solche Alkoholiker schon während der Zeit ihres Aufenthaltes hier Enthaltsamkeitsverpflichtungen abgeben oder nach einjähriger Wartezeit dem dortigen Verein gar als Mitglied beitreten können. [...] Dabei haben sie aber noch in keiner Weise den Beweis erbracht, dass sie während einer Probezeit den Verlockungen des Alkohols zu widerstehen und enthaltsam zu leben imstande sind."[140]

Die echte Prüfung für die Alkoholiker sah Schmidt nach der Entlassung aus der Anstalt, da sie in Bräunsdorf zwangsläufig abstinent leben mussten. Erst in Freiheit konnten sich die Betreffenden wirklich bewähren.

Weil Schmidt die Erziehung zum Alkoholverzicht in der Anstalt trotz allem als wichtig empfand, veranstaltete das „Blaue Kreuz" ab März 1936 etwa vierteljährlich Aufklärungsstunden in der Anstalt.[141] Im Gegenzug erhielt Schmidt die Wertschätzung durch den Blaukreuzverein. Alljährlich wurde er zur Weihnachtsfeier des Vereins eingeladen, um auch auf dankbare ehemalige Insassen zu treffen. Die Ortsgruppe Tempelhof des Blaukreuzvereins sandte über einige Jahre hinweg kleine Weihnachtsgeschenke nach Bräunsdorf für die Insassen, „die keinerlei Anhang mehr haben, oder von ihren Angehörigen vergessen werden".[142] Ebenfalls zu Weihnachten erhielt die Anstalt neben einer kleinen Gabe auch einen Brief für die Insassen:

„Nun ist wieder Weihnachten! Das Fest der Liebe und Freude, ein Fest zur Erinnerung an die Liebe Gottes, die sich in Jesus offenbart. [...] Von dieser Liebe ist keiner ausgeschlossen, auch ihr nicht, die ihr heute nicht im Kreise eurer Lieben weilt, ihr sehnt euch vielleicht nach ihnen, oder sie sehnen sich nach euch. Aber ihr seid getrennt! Das ist nicht Gottes Schuld, nicht Seine Härte, auch nicht böses Schicksal oder schlechtes Menschenlos, nein, nein, es ist so wie der Dichter singt: ‚Du selbst bist Störer deiner ruh, Du zogst dir selbst dein Leiden zu‘ ein Anderer aber sagt von den Menschen: ‚Viele Menschen nennen die Dummheiten, die sie machen Schicksal‘ Darüber denkt einmal nach! Heute aber sollt ihr es noch einmal hören, von einem, der es selbst erlebt hat: ‚Gott hat alle Menschen lieb, sehr lieb. ER hat auch euch lieb, ER will euch helfen, dass ihr zur Erkenntnis der Wahrheit kommt.‘ [...] Das ist die Wahrheit, die ungefärbte Wahrheit: Euch, wie allen Menschen, kann kein Geld helfen, auch nicht die Freiheit, die ihr so ersehnt. Im Gegenteil, Freiheit und Mittel halfen dazu, dass jetzt viele von euch in Bräunsdorf seid."[143]

Besonders tröstend waren diese Worte für die Insassen sicher nicht. Es zeigt jedoch nochmals, dass Alkoholismus in erster Linie als Charakterschwäche gesehen wurde. Wer diese Schwäche nicht überwinden könne, müsse eben in der Unfreiheit der Anstalt bleiben.

Die intensive Zusammenarbeit des Blaukreuzvereins und der Landesanstalt Bräunsdorf endete erst durch die Kriegsumstände. Erstmals musste Schmidt im Mai 1940 eine Veranstaltung des „Blauen Kreuzes" in der Anstalt absagen: „Durch Übernahme mehrerer Abteilungen Wolhyniendeutscher in die hiesige Anstalt ist diese so gefüllt, dass alle Säle und Räume und selbst die Turnhalle mit Personen und Sachen dicht belegt sind. [...] Wenn die Volksdeutschen wieder fort sind, werde ich selbstverständlich gern wieder für ihre Zwecke Räume zur Verfügung stellen."[144] Die Aufnahme von sogenannten Volksdeutschen machte demnach eine Durchführung unmöglich, aber noch war Schmidt optimistisch, dass sich dieser Umstand bald wieder ändern würde. Ein halbes Jahr später klang dies bei ihm schon deutlich pessimistischer. So schrieb er am 2. Oktober 1940 an den Blaukreuzverein:

„Leider ist es wohl durch den Krieg, andererseits aber auch durch die immer noch übervolle Belegung unserer Anstalt nicht möglich gewesen und wohl auch für die absehbare Zukunft kaum denkbar, hier Blaukreuzstunde abzuhalten. Trotz alledem werden diese Stunden nicht vergessen, wir sprechen dann und wann davon und erinnern an dort Gesagtes oder näher Behandeltes. Morgen bekommen wir nun wieder 200 Bessarabiendeutsche und ich weiß bald nicht mehr, wo ich alle Leute unterbringen soll. Und dabei habe ich immer noch eine ganze Reihe Beamte zum Heere gegeben, sodass wir hier keinen Sonntag mehr kennen und ich auch jede Nacht bis 12 Uhr und länger arbeiten muss. Da wünschen wir natürlich und ich glaube mit allen Deutschen, dass der Krieg bald ein siegreiches Ende nehmen möge."[145]

Durch die Kriegsumstände genötigt, improvisierte Schmidt die eigentlichen Blaukreuzstunden. Nach diesem Zeitpunkt fanden auch keine Veranstaltungen des Blauen Kreuzes mehr in der Anstalt statt. Offensichtlich hatten beide Parteien ein Einsehen, dass solche Stunden unter den Kriegsbedingungen, insbesondere der Überfüllung der Anstalt, nicht durchzuführen waren.

Die Stunden des Blauen Kreuzes waren in den Vorkriegsjahren eine kleine Abwechslung zur Arbeit für die Insassen. Wie groß aber die tatsächliche Beteiligung an diesen Stunden gewesen ist, geht nicht aus den Akten hervor. Möglicherweise war der Besuch der Stunde für einen Teil, gerade für die Alkoholiker, auch verpflichtend. Weiterhin bleibt auch unbekannt, welchen Einfluss diese Stunden auf das Verhalten der Personen hatten. Wenn die Referenten bei diesen Stunden allerdings ähnliche Sätze verwand haben, wie in dem zuvor zitierten Weihnachtsbrief, konnte sicher bei den wenigsten Insassen eine Einsicht oder gar Verhaltensänderung erreicht werden.

3. Die Landesanstalt in den Kriegsjahren

3.1 Veränderte Voraussetzungen für die Korrektionsanstalt

In den Jahren des Zweiten Weltkriegs veränderte sich der Charakter der Landesanstalt Bräunsdorf, insbesondere was die Personengruppen betrifft, die in der Anstalt untergebracht wurden. Eine entscheidende Voraussetzung dafür wurde aber schon vor Kriegsbeginn geschaffen, indem die Unterbringung der „Asozialen" neu geregelt wurde. Die Auswirkungen offenbarten sich aber erst in den Kriegsjahren.

Durch einen Erlass des Reichsinnenministers Wilhelm Frick vom 14. Dezember 1937 wurde die polizeiliche Vorbeugungshaft auf „Asoziale" ausgedehnt.[146] Somit konnten jetzt Bettler, Landstreicher, Prostituierte, Alkoholiker usw. direkt in ein Konzentrationslager gebracht werden. Dies bedeutete für die Arbeitshäuser, dass kaum noch Neueinweisungen erfolgten und dadurch auch die Leistungsfähigkeit der Arbeitshäuser bedroht war.

Schließlich waren es ja genau diese Personengruppen, die bislang in Bräunsdorf und anderen Arbeitshäusern untergebracht wurden.

Reinhard Heydrich sah seine Sicherheitspolizei nicht nur für politische Feinde, sondern eben auch für „Gewohnheitsverbrecher" und „Asoziale" zuständig.[147] Kriminalität und abweichendes Sozialverhalten verstanden die Nationalsozialisten hauptsächlich biologistisch in der Veranlagung der Personen und nicht als individuelle Handlungen und Entscheidungen von Personen. „Für die Nationalsozialisten galt ‚Asozialität' als genetische Vorstufe der Kriminalität. Die Sicherheitspolizei sollte präventiv dagegen vorgehen und beauftragte abwechselnd die Kriminalpolizei, die Geheime Staatspolizei und dann wieder die Kriminalpolizei mit der Verfolgung der inkriminierten Personen."[148]

Es kam in der Folge des Erlasses von Frick zu größeren Razzien. Die Aktion wurde „Arbeitsscheu Reich" genannt. Zunächst führte im Frühjahr 1938 die Gestapo eine Razzia durch, indem die Arbeitsämter angewiesen wurden Listen mit bekannten „Arbeitsscheuen" aufzustellen, woraufhin die Gestapo 2000 „Arbeitsscheue" verhaftete und in das Konzentrationslager Buchenwald brachte.[149] Im Juni 1938 folgte eine weitere Verhaftungswelle, diesmal in der Verantwortung der Kriminalpolizei, in der nun 10.000 Personen in verschiedene Konzentrationslager gebracht wurden.[150] Die bloße Anzahl der verhafteten Personen verdeutlicht, dass eine Aufnahme in den Arbeitshäusern unmöglich gewesen wäre. Diese waren bereits voll belegt, bzw. im Fall von Bräunsdorf schon stark überbelegt. Letztendlich konnten nur die großen Konzentrationslager die neuen Gefangenen aufnehmen, da inzwischen viele der politischen Häftlinge entlassen worden waren. Insgesamt gehörten im Oktober 1938 70% aller KZ-Häftlinge in die Kategorie „Asozial".[151] Außerdem wurde in den Konzentrationslagern, im Vergleich zu den Arbeitshäusern der Arbeitszwang deutlich erhöht. Dams und Stolle fassen die ökonomischen Motive der Aktion „Arbeitsscheu Reich" wie folgt zusammen: „Durch sie sollten kostenlose Sklavenarbeiter gewonnen werden, die für die Monumentalbauten des Regimes dringend benötigt wurden. Schließlich spielte Zwangsarbeit für militärische SS-Produktionsstätten eine zunehmende Rolle: Mobilisierung und Krieg warfen ihre Schatten voraus."[152] In den Kriegsjahren sollte sich die Lage der als „Berufsverbrecher" und „Asoziale" stigmatisierten Personen nochmals verschärfen. Denn im September 1942 kamen Reichsjustizminister Otto Georg Thierack und Heinrich Himmler zu dem Entschluss, diese Personen aus dem Strafvollzug, den Arbeitshäusern und Psychiatrien in die Konzentrationslager einzuliefern und dort durch Arbeit zu vernichten, weswegen es unter diesen beiden Häftlingskategorien eine hohe Todesrate gab.[153] Hinweise darauf, dass Insassen aus Bräunsdorf in Konzentrationslager gebracht wurden, gibt es nicht, dennoch kann dies aufgrund der fehlenden Insassenakten nicht ausgeschlossen werden.

Trotz der großen Anzahl an Verhafteten hatte die Aktion „Arbeitsscheu Reich" keine unmittelbaren Folgen für die Belegung der Landesanstalt Bräunsdorf. Wie oben gesehen, blieb die Insassenzahl 1938 und 1939 konstant hoch. Allerdings blieben von nun an Neueinweisungen von arbeitsfähigen Männern nach Bräunsdorf aus, was sich in den Kriegsjahren bemerkbar machen sollte. Konkrete Auswirkungen für die Landesanstalt Bräunsdorf hatte allerdings das Justizlager Rodgau in Hessen. Nach einem längeren Briefwechsel zwischen dem Reichsjustizministerium, dem sächsischen Innenministerium und der Landesanstalt Bräunsdorf, der sich von August 1938 bis ins Frühjahr 1939 hinzog, wurden schließlich am 12. April 1939 63 Arbeitshausgefangene aus Bräunsdorf in das Justizlager Rodgau II bei Dieburg gebracht, um dort auf 13.500 ha Arbeiten zur Melioration, Flussregulierung und Entwässerung zu verrichten.[154] Schmidt hatte sich lange Zeit gegen die Abgabe der Insassen gewährt und forderte im Gegenteil noch mehr Einweisungen nach Bräunsdorf, letztendlich aber vergeblich. Problematischer als die Abgabe der 63 Arbeitshausinsassen war, dass von nun an die für Außenarbeit geeigneten Männer aus Sachsen direkt nach der Verurteilung in Rodgau eingewiesen wurden. In das Arbeitshaus in Bräunsdorf kamen dagegen nur noch eingeschränkt arbeitsfähige oder alte Personen. Dementsprechend ging nicht nur die Belegung des Arbeitshauses zurück (vgl. Tabelle 2), sondern auch die Arbeitsleistung, worüber Schmidt sich immer wieder beschwerte. Ganz ähnlich verlief dies auch in anderen Arbeitshäusern. Wolfgang Ayaß hielt für das Arbeitshaus Breitenau, das ebenfalls im April 1939 67 Arbeitshausinsassen nach Rodgau abgeben musste, fest:

„In Breitenau war man von der Aufforderung zur Abgabe von Arbeitskräften nicht begeistert, weil aufgrund des allgemeinen Arbeitskräftemangels die Nachfrage von Bauern nach Arbeitskolonnen schon so groß geworden war, dass man dem für die Anstalt lukrativen Arbeitskräfteanforderungen bei weitem nicht nachkommen konnte. [...] Die Hinweise auf die ‚Sicherstellung der Ernährung im Rahmen des Vierjahresplanes' durch die Arbeitsanstalt Breitenau nutzten diesmal nichts. Die Anstalt musste etwa ein Viertel ihrer Korrigenden (67 von 251) abgeben. Die Personen, die nach Rodgau abtransportiert wurden, konzentrierten sich deutlich bei den jüngeren Altersklassen. Das Durchschnittsalter der Abtransportierten lag bei 38 Jahren, während das Durchschnittsalter sämtlicher männlicher Korrigenden der Anstalt zu diesem Zeitpunkt bei über 51 Jahren lag. Die Anstalt musste ihre besten Arbeitskräfte an das Justizlager Rodgau abgeben."[155]

Die Parallelen sind deutlich. Auch die Bräunsdorfer Anstaltsdirektion nutzte häufig das Argument des Vierjahresplans, um arbeitsfähige Insassen zu bekommen oder zumindest keine abgeben zu müssen. Zudem entsprechen die 63 aus Bräunsdorf nach Rodgau gebrachten Insassen auch etwa einem Viertel der 237 männlichen Arbeitshausinsassen, die durchschnittlich 1939 im Arbeitshaus untergebracht waren. Dementsprechend liegt der Schluss nahe, dass auch aus Bräunsdorf eher jüngere Insassen nach Rodgau gekommen sind und die älteren vor Ort verblieben. In den Kriegsjahren sollte das Durchschnittsalter der Insassen in Bräunsdorf deutlich ansteigen, worunter die Arbeitsleistung litt. Wer in Rodgau seine Arbeitskraft eingebüßt hatte, wurde zurück in die Arbeitshäuser z.B. in Breitenau oder Vaihingen in Württemberg geschickt.[156] Am 21. August 1940 bat die Anstaltsdirektion Bräunsdorf den sächsischen Minister des Inneren auf den Reichsjustizminister dahingehend einzuwirken, Neueinweisungen von arbeitsfähigen jungen Männern aus Sachsen und dem Sudetenland für die Außenarbeit nach Bräunsdorf zu veranlassen und in Rodgau nun Kriegsgefangene einzusetzen.[157] Dieser etwas naive Vorstoß der Anstaltsdirektion blieb ohne Ergebnis.

Etwas Abhilfe bei der Arbeitskräfteversorgung erhielt die Anstalt aus Leipzig. Im September 1941 fragte das Leipziger Fürsorgeamt an, ob die Unterbringung von Verwahrten und „asoziale[n] Schwachsinnige[n]" in Bräunsdorf möglich wäre, die zuvor in Leipzig-Dösen und dann in einem kleinen Arbeitshaus in Leipzig untergebracht waren.[158] Die Anstaltsdirektion in Bräunsdorf erklärte sich daraufhin bereit 50 Personen aufzunehmen, jedoch kamen schließlich 80 Mädchen, Frauen und Männer aus Leipzig in die Anstalt.[159] Durch diese Aufnahmen konnten die sinkende Belegung und Arbeitsleistung zumindest teilweise abgefangen werden.

Erst nach einer Anfrage des Generalstaatsanwalts aus Dresden vom 21. April 1942, ob es in Bräunsdorf einen Bedarf an zur Außenarbeit fähigen Arbeitshäuslern gäbe und Schmidt dies energisch bejahte, erging am 11. Mai ein Beschluss des Dresdner Generalstaatsanwalts, dass von nun an wieder alle arbeitsfähigen Männer nach Bräunsdorf eingewiesen werden.[160] Gleichzeitig lehnte er aber eine Rückführung der ehemaligen Insassen nach Bräunsdorf ab, da die meisten Ehemaligen von Rodgau aus entlassen worden waren.[161] Dennoch blieb die Zahl der Neueinweisungen in der Folge eher klein. Sie waren jedenfalls kein Vergleich zu den Vorkriegsjahren. Inzwischen bevorzugten die Nationalsozialisten andere Verfolgungsmöglichkeiten, wie weiter oben gezeigt wurde.

Resultierend aus der gesunkenen Belegung und den veränderten Anforderungen des Krieges wurde die Anstalt in den Kriegsjahren, wie viele andere auch, immer wieder mit anderen Personengruppen belegt. So kamen während des Polenfeldzugs Kriegsgefangene nach Bräunsdorf. Am 5. Oktober 1939 wurden 50 polnische Kriegsgefangene in der Anstalt unter-

gebracht und standen dort dem Arbeitsamt Freiberg und dem Kreisbauern-
führer zur Verfügung.[162] Allerdings blieb die Unterbringung von Kriegs-
gefangenen nur eine kurze Episode in der Nutzung der Anstalt. Bereits
am 3. Dezember wurden die 50 Polen wieder abgeholt und anderweitig
eingesetzt und Schmidt berichtete einen Tag später an das sächsische Innenministerium: „Die Zusammenarbeit mit der Kreisbauernschaft Freiberg, der
die polnischen Kriegsgefangen unterstellt waren, war jederzeit reibungslos
und durchaus befriedigend."[163]

Von größerer Bedeutung sollten die sogenannten Volksdeutschen werden,
die im Zusammenhang mit den europäischen Neuordnungsvorstellungen
der Nationalsozialisten zuvor „Heim ins Reich" geholt und in Teilen der
Landesanstalt untergebracht wurden. Aus Mangel an Unterkunftsmöglichkeiten für die Volksdeutschen beschlagnahmte die zuständige Volksdeutsche
Mittelstelle (kurz VoMi) Gebäude von Heil- und Pflegeanstalten. Während
Götz Aly einen Zusammenhang zwischen der Unterbringung von Volksdeutschen in den Heil- und Pflegeanstalten und der gleichzeitigen
Ausweitung der Krankenmorde feststellte,[164] war dies im Fall von Bräunsdorf nicht zu erkennen. Die Volksdeutschen wurden einfach zusätzlich in
der Landesanstalt untergebracht. Zweifellos verschlimmerten sich dadurch
der Platzmangel und die allgemeinen Verhältnisse weiter. Wie oben bereits
erwähnt, musste durch die Unterbringung der verschiedenen Volksdeutschen die Blaukreuzstunden ausfallen, da die Anstalt keinen Raum mehr dafür zur Verfügung hatte. Schmidt beschwerte sich in Briefen immer wieder
über die Zuweisung neuer Volksdeutscher in Gebäude der Anstalt. Schließlich setzte sich auch der Reichsbeauftragte für die Heil- und Pflegeanstalten,
Herbert Linden, dafür ein, den zweckentfremdeten Raum u.a. in Bräunsdorf
wiederzugewinnen.[165] Dessen Intention lag zwar nicht in der Verbesserung
der Zustände in den Anstalten, aber er benötigte den Platz in den sächsischen
Anstalten für Kranke und Anstaltspatienten aus luftangriffsgefährdeten
Gebieten des Reiches.

Der Krieg wirkte sich auch auf das Personal der Landesanstalt aus. Ein
Teil wurde zur Wehrmacht eingezogen, ohne dass diese Stellen wieder
komplett belegt wurden. Bereits im Sommer 1939 hatte das sächsische Innenministerium die Anstaltsdirektion beauftragt, eine Dienstanweisung für den
Mobilmachungsfall zu erstellen. Diese Dienstanweisung sah vor das eingezogene Personal durch ehemalige Pfleger, Werkmeister, Handwerker und
Rentner aus der Gegend zu ersetzen.[166]

Überwiegend sollte die Lücke durch ältere Personen aus der Umgebung
geschlossen werden. Neben ehemaligen Pflegern setzte die Anstaltsdirektion
auch auf Laien als Ersatz. Handwerker und Werkmeister waren deswegen
für die Anstaltsdirektion von Interesse, weil sie zur Arbeitsanleitung der
Insassen geeignet waren, auch wenn sie keinerlei Erfahrung im Umgang mit

Insassen hatten. Die Leistungsfähigkeit der Anstalt sollte unbedingt auch im Krieg erhalten bleiben. Trotz der Versuche, das eingezogene Personal zumindest von der Anzahl zu ersetzen, verringerte sich der Personalstand in den Kriegsjahren. Bestand das Personal am 1. September 1939 aus 44 Beamten, 6 Angestellten und 26 Verwaltungsarbeiter waren es am 1. März 1941 nur noch 28 Beamte, 19 Angestellte und 11 Verwaltungsarbeiter, während aus der Anstalt zu diesem Zeitpunkt 21 Beamte und 8 Angestellte zur Wehrmacht einberufen waren.[167] Bei der Suche nach Ersatzpersonal war das Alter der Person notgedrungen zweitrangig. Dies wird beispielsweise an der Anstellung des fast siebzigjährigen Emil Paul als Aushilfswärter im Juni 1940 deutlich.[168] Es ist kaum verwunderlich, dass die Anstalt schon im März 1942 das Beschäftigungsverhältnis aus Alters- und Gebrechlichkeitsgründen auf Wunsch von Paul wieder aufhob.

Die eigentliche Funktion der Landesanstalt Bräunsdorf veränderte sich in den Kriegsjahren zunehmend. Zwar blieben die Abteilungen (Arbeitshaus, Verwahrtenabteilung und Asyl) bestehen, daneben kamen allerdings andere Verwendungszwecke auf dem Areal der Landesanstalt hinzu. Während des Krieges nahm außerdem das Durchschnittsalter im Arbeitshaus, in der Verwahrtenabteilung, im Asyl, aber auch beim Anstaltspersonal zu. Schmidt als Anstaltsdirektor verlor an Bedeutung. Die nächsten Abschnitte werden dies verdeutlichen.

	Verwahrten-abteilung	Arbeitshaus	Asyl	„Schwach-sinnigen-abteilung"	Gesamt
1940	344	396	86	-	826
1941	340	361	57	-	758
1942	291	417	36	-	744
1943	255	385	28	189	857
1944	207	377	21	190	795
1945	395	191	19	197	802

Tabelle 2: Belegung der Anstalt in den Kriegsjahren jeweils im Januar.[169]

3.2 Die Meldung der Insassen im Krieg

Seit der „Euthanasie"-Ermächtigung von Hitler wurden Meldebögen an verschiedene Anstalten im ganzen Reich verschickt. Bereits am 20. November 1939 erhielt auch die Landesanstalt Bräunsdorf ein von Leonardo Conti unterzeichnetes Schreiben aus dem Reichsinnenministerium:

„Im Hinblick auf die Notwendigkeit planwirtschaftlicher Erfassung der Heil- und Pflegeanstalten ersuche ich Sie, die anliegenden Meldebogen umgehend nach Maßgabe des beiliegenden Merkblattes auszufüllen und an mich zurückzusenden. Falls Sie nicht selbst Arzt sind, sind die Meldebogen für die einzelnen Kranken durch den leitenden Arzt auszufüllen. […] In der Spalte Diagnose bitte ich um eine möglichst genaue Angabe, wenn angängig, auch noch um eine kurze Schilderung des Zustandsbildes."[170]

Mit „planwirtschaftlichen Maßnahmen" war nichts anderes als die systematische Ermordung von Anstaltspatienten gemeint und die Meldebögen dienten der Selektion. Mit dem Schreiben wurden gleichzeitig 800 Meldebögen versandt, die bis spätestens zum 1. Januar 1940 ausgefüllt zurückgeschickt werden sollten. Da es sich in Bräunsdorf um keine Heil- und Pflegeanstalt handelte, wusste Schmidt nicht so Recht, wie er das Schreiben umsetzen sollte. Deswegen wandte er sich am 30. November wieder an das Reichsministerium des Inneren, um über die genaue Funktion der Landesanstalt Bräunsdorf aufzuklären.[171] Daraufhin teilte Herbert Linden Anfang Januar 1940 der Anstaltsdirektion mit, für wen die Meldebögen auszufüllen sind. „Eine Meldepflicht besteht nur für solche Anstaltsinsassen, die „geistige Abwegigkeiten aufweisen (z.B. Trinker) […]."[172] Solche allgemeinen Aussagen ließen riesige Handlungsspielräume bei der Auswahl der Insassen. Danach verliert sich die Spur in den Akten, weswegen eine Aussage über die Umsetzung schwierig ist. Ein Direkttransport von Bräunsdorfer Anstaltsinsassen im Rahmen der zentralen Krankenmorde in die Tötungsanstalt Pirna-Sonnenstein ist nicht nachweisbar.[173] Allerdings fand am 5. November 1940 eine Verlegung von mehreren Bräunsdorfer Insassen in die Landesanstalt Hochweitzschen statt. Knapp vier Monate später wurden vier der verlegten Männer weiter in die Zwischenanstalt Waldheim transportiert. Ein Sammeltransport brachte drei dieser Männer am 6. Juni 1941 in die Tötungsanstalt Pirna-Sonnenstein, wo sie noch am selben Tag vergast worden. Der vierte ehemalige Bräunsdorfer erlitt am 1. Juli dasselbe Schicksal.[174] Der Zeitablauf und die relativ kurzen Aufenthalte in Hochweitzschen und Waldheim deuten darauf hin, dass die Meldebogen der vier betroffen Männer bereits in Bräunsdorf ausgefüllt worden waren und die Verlegungen gezielt im Rahmen der „Aktion T4" erfolgten. Ganz grundlos hatten die Organisatoren der Krankenmorde die Meldebogen nicht nach Bräunsdorf geschickt. Zumal die Akteure der „Aktion T4" über die Jahre, die sowieso vagen Grenzen zwischen den Kriterien psychisch krank, „asozial", arbeitsunfähig und kriminell häufiger überschritten.[175]

Die Verantwortlichen der „Aktion T4" hatten auch konkrete Planungen, die Insassengruppen der Arbeitshäuser im Reich mit in die Vernichtung einzubeziehen. Aus diesem Grund kam im Januar 1942 eine hochkarätig besetzte Gutachterkommission, bestehend aus Psychiatern, Kriminalbiologen, Rassenhygienikern, „Asozialen"-Forschern und Organisatoren der „T4", im Berliner Arbeitshaus Rummelsburg zusammen, um anhand eines neuen Meldebogens für „Gemeinschaftsfremde" die Insassen einzeln nach dem Kriterium „lebensunwert oder noch arbeitsfähig" zu beurteilen.[176] „Dabei handelte es sich um eine Probeerfassung, mit der bezweckt wurde, den Grad der Übereinstimmung und signifikante Abweichungen festzustellen, um möglichst einheitliche Kriterien für eine künftige Begutachtung zu entwickeln und um [...] den Fragebogen entsprechend zu verfeinern."[177] Das Ergebnis dieser Probeerfassung von 1.424 Insassen aus Rummelsburg fasst Aly zusammen:

„Demnach hatten sich die Gutachter im Fall von 314 Insassen einhellig für den Tod ausgesprochen. Im Fall von weiteren 765 Arbeitshäuslern hatte mindestens einer der beteiligten Gutachter auf ‚lebensunwert' plädiert.

Soweit bekannt, hatte die Rummelsburger Musterung vom Januar 1941 [1942 ist richtig; C.H.] keine direkten Folgen für die Insassen. Auch gibt es nach dem Erkenntnisstand von 2012 keine Anhaltspunkte dafür, dass Beauftragte der Aktion T4 in andere Arbeitshäuser entsandt worden wären und dort Insassen begutachtet oder abtransportiert hätten. Dennoch verrät die probeweise Evaluierung des Lebenswerts der in Rummelsburg untergebrachten Korrigenden eine Tendenz. Sie zeigt, was in den Jahren 1942 bis 1945 zunehmend die Praxis des Mordens beeinflusste, und sie zeigt erst recht, was nach einem deutschen Siegfrieden zu erwarten gewesen wäre."[178]

In gewisser Weise muss diese Aussage korrigiert werden, denn Ende 1942 kündigte sich nämlich Besuch in der Landesanstalt Bräunsdorf an, der hier kurz beschrieben werden soll.

Definitiv wurden ab 1943 Meldebögen (allerdings der gewöhnliche Meldebogen und nicht der Meldebogen für „Gemeinschaftsfremde", der in Rummelsburg genutzt wurde) regelmäßig für Anstaltsinsassen in Bräunsdorf ausgefüllt. Dem vorausgegangen war ein Besuch von Dr. Gerhard Wischer, Direktor der Heil- und Pflegeanstalt Waldheim und „T4"-Gutachter, und Landesrat Dr. Straub, den Wischer am 30. Dezember 1942 für den 9. Januar 1943 ankündigte.[179] Wischer gehörte zur Gutachterkommission in Rummelsburg und Straub fasste in einem Bericht die Arbeit der Kommission in Rummelsburg zusammen. Der Besuch gehörte zu einer Besichtigungsreise durch sächsische Anstalten, Pflegeheime und andere Einrichtungen. Über den Zweck schrieb Wischer an Schmidt:

„Und zwar wird der Kollege Landesrat Dr. med. Straub etwa am 9. Januar in Ihre Anstalt kommen, um die von früher vorhandenen Meldebögen zu überprüfen und um den sonst bisher noch nicht erfassten Bestand Ihrer Anstalt auf Grund der Meldebögen aufnehmen (die reinen Arbeitshäusler scheiden bei der Erfassung aus). [...] Am Montag den 11. Januar fahre ich nach Freiberg, um dort das Städt. Versorghaus und das Kretzschmarstift zu besichtigen, und um dann zusammen mit Herrn Dr. Straub bei Ihnen in der Anstalt zu arbeiten."[180]

Zwei an der Probeerfassung in Rummelsburg beteiligten Personen besuchten also die Landesanstalt Bräunsdorf etwa ein Jahr später, um die Erfassung der Insassen zu überprüfen. Dabei werden sicher auch Erfahrungen und Ergebnisse aus Rummelsburg eingeflossen sein. Die Arbeitshausinsassen klammerten die beiden von vornherein allerdings aus, möglicherweise um den ohnehin zurückgegangen Bestand im Arbeitshaus nicht zu reduzieren und damit die Leistungsfähigkeit der Anstalt nicht weiter einzuschränken.

Offensichtlich stellten Wischer und Straub bei dem Besuch fest, dass eine Erfassung bestimmter Insassen der Landesanstalt Bräunsdorf nötig sei. Die Aufforderung dazu kam dann am 29. Januar 1943 vom Reichsinnenministerium, das zusätzlich zu den Meldebögen auch Listen über die Veränderungen in der Anstaltsbelegung erhalten wollte.[181] Dieser Aufforderung kam Anstaltsdirektor Schmidt nach. Für die Ausfüllung der Meldebögen dürfte allerdings ab dem zweiten Halbjahr 1943 Dr. Johannes Werner zuständig gewesen sein, da Schmidt kein Mediziner war. Zuvor war wahrscheinlich der nebenamtliche Anstaltsarzt dafür verantwortlich. Wunschgemäß übersandte Schmidt am 17. August 1943 zusammen 53 Meldebögen von Neueinweisungen und zwei Abgangslisten mit den Namen von 30 Männern (davon 17 durch Todesfall) und 35 Frauen (sechs durch Todesfall) für das erste Halbjahr.[182] Im zweiten Halbjahr folgten 51 ausgefüllte Meldebögen und die Nachricht über 31 männliche Abgänge (17 durch Todesfall) und 23 weibliche Abgänge (sieben durch Todesfall).[183] Für das erste Halbjahr 1944 schickte Schmidt nochmal 57 Meldebögen und Listen mit 30 männlichen (19 Todesfälle und ein zum Tode verurteilter Mann) und 16 weiblichen Abgängen (drei Todesfälle).[184] Die verzeichneten Abgänge betrafen allerdings nur die Verwahrtenabteilung und nicht die restlichen Abteilungen, weswegen dies weder alle Todesfälle, noch alle Abgänge dieses Zeitraums waren. Weitere Meldungen unterblieben, weil infolge der

Verwaltungsvereinfachung durch den totalen Kriegseinsatz der Reichs-
minister des Inneren einen Runderlass herausgab, in dem er die „angeordneten
Einzelmeldungen über die in die Anstalten aufgenommenen Geisteskranken"
für beendet erklärte.[185] Jedoch wurde nur das Verfahren der Einzelmeldung
beendet, das Morden in den Heil- und Pflegeanstalten ging unterdessen
weiter.

3.3 „DIE ABTEILUNG FÜR SCHWACHSINNIGE BILDUNGSFÄHIGE KINDER UND JUGENDLICHE"

Die seit Kriegsbeginn rückläufige Belegung in den Abteilungen für
Verwahrte, Arbeitshausinsassen und Asylisten ermöglichte den Platz
anderweitig zu nutzen. Am 12. März 1942 teilte Alfred Fernholz aus dem
Sächsischen Ministerium des Inneren der Anstaltsdirektion in Chemnitz
mit, dass die „Abteilung für schwachsinnige Kinder" nach Bräunsdorf zu
verlegen ist, um in Chemnitz Platz für die Aufnahme von Kriegsblinden in
der dortigen staatlichen Blindenschule zu schaffen.[186] Daraufhin wurde die
Abteilung bereits eine Woche später, nämlich am 19. und 20. März, mit
insgesamt 140 Personen, darunter 45 Mädchen, 85 Jungen, 10 Kolonisten
(Männer über 20 Jahre), nach Bräunsdorf verlegt.[187] Gleichzeitig kam das den
Kindern und Jugendlichen aus Chemnitz-Altendorf bekannte Personal mit
nach Bräunsdorf. Eine Oberschwester, eine Kindergärtnerin, eine Kranken-
schwester, zwei Hilfspflegerinnen, vier Wärterinnen, zwei Hausmädchen,
sowie drei Oberpfleger und zwei Pfleger wurden mit der Abteilung nach
Bräunsdorf versetzt.[188] Die Leitung der Abteilung oblag dem Oberlehrer
Johannes Nitzsche (NSDAP-Mitglied seit 1. Mai 1937), der allerdings nicht
dauerhaft vor Ort sein sollte, wie Gustav Schmidt in seinem Bericht an das
sächsische Innenministerium erklärte:

„Der Leiter der Schwachsinnigenabteilung, Oberlehrer Nitzsche in
Chemnitz-Altendorf, beabsichtigt allwöchentlich einen oder mehrere Tage
hierher zu kommen und sich vom Ergehen und der Haltung seiner Schwachsinnigen zu überzeugen und den Kindergärtnerinnen beziehentlich dem
Pflegepersonal Anweisungen zu erteilen zur Erhaltung und Vertiefung des
den Schwachsinnigen in Chemnitz-Altendorf beigebrachten Schulwissens.
Dagegen wird auch in Anbetracht der Verordnung, dass der Schulunterricht
an die Kinder mit deren Übersiedlung hierher einzustellen ist, nichts einzu-
wenden sein, wenn und solange eine anderweitige Verwendung des Leiters
der Schwachsinnigenabteilung nicht verordnet ist."[189]

Trotz der Einstellung des Unterrichts wollte Nitzsche offenbar nicht

ganz auf die erzielten Fortschritte in der Bildung verzichten und deswegen die Kindergärtnerinnen, Pflegerinnen und Pfleger instruieren, um das
Niveau zumindest zu halten. Ein gewisses Bemühen um die Ausbildung der
Kinder stellte Susanne Möckel schon für die Anstalt in Chemnitz-Altendorf
fest: „Beim Studium der ärztlichen Jahresberichte der Jahre 1938 und 1939
gewinnt man den Eindruck, dass sich besonders der Leiter der Schwachsinnigen Abteilung [Johannes Nitzsche. C.H.] und der Anstaltsdirektor
bemühten, trotz immer ungünstiger werdender Bedingungen noch eine
gewisse Ausbildung der Kinder zu gewährleisten."[190]

Dennoch ist es schwer vorstellbar, wie Nitzsche dies ohne Unterricht und
ohne Lehrpersonal erreichen wollte. Denn er war der einzige vorhandene
Lehrer und nicht dauerhaft vor Ort. Auch unter dem restlichen männlichen
und weiblichen Personal befand sich kaum ein ausgebildeter Erzieher.

In Bräunsdorf sollte von Beginn an der Schwerpunkt auf der Ausnutzung
der Arbeitskraft der Zöglinge liegen und nicht auf der Bildung der Kinder
und Jugendlichen, was auch aus Schmidts Bericht hervorgeht.

„Die Schwachsinnigen und Kolonisten werden hier, soweit angängig, zu
den verschiedensten Arbeiten herangezogen werden. Auch in den Werkstätten wird ihnen Gelegenheit zur Arbeit in einem handwerksmäßigen
Berufe gegeben werden. Da es sich bei den Schwachsinnigen kaum um
ein ordnungsmäßiges Lehrverhältnis handeln kann, sind besondere Werkmeister hier nicht erforderlich. Sollte sich ein schulentlassener Schwachsinniger doch zur Erlernung eines Berufes eignen, so wird er in ein
Lehrverhältnis außerhalb der Anstalt untergebracht werden."[191]

Dieses Vorhaben wurde in den vorhandenen Möglichkeiten der Anstalt
auch umgesetzt. Dies wird in einem Bericht an das Landesjugendamt über
die Arbeitsleistungen der Jugendlichen von Januar bis Anfang Juni 1943 in
Bräunsdorf deutlich. Laut dem Bericht leisteten von Januar bis Mai 1943
die männlichen Jugendlichen zusammen 2.142 Arbeitstage in der Landwirtschaft, in der Gärtnerei, in der Korbmacherei, in der Rohrflechterei, in
der Schumacherei, auf dem Bauhof, beim Brotbesorgen und beim Kohle- und
Schneeschaufeln und außerdem hatten sie 48 kg Federn geschlissen.[192] Der
Schwerpunkt der geleisteten Arbeit lag ganz klar auf der Landwirtschaft. In
der selben Zeit erledigten die weiblichen Jugendlichen an insgesamt 1.205
Arbeitstagen Arbeiten in der Rüstungsindustrie, in der Gärtnerei, in der
örtlichen Milchverteilungsstelle und bereiteten Kartoffeln für die Wehrmacht vor, zudem schlissen sie 13,5 kg Federn, stopften 730 Paar Strümpfe,
besserten 78 Wäschestücke aus und stickten 250 Nummern.[193] Hintergrund für die Aufstellung der Arbeitsleistung der Jugendlichen in Bräunsdorf war ein Runderlass des Reichsministeriums des Inneren vom 13. April

1943, in dem der Arbeitseinsatz in Fürsorgeheimen für den „Totalen Krieg" gefordert wurde.[194] In Bräunsdorf bedurfte es allerdings nicht dieses Runderlasses, sondern die Heranziehung der Jugendlichen zur Arbeit in der Anstalt war von Beginn an selbstverständlich. Unterschiedliche Arbeitsmöglichkeiten waren in der Anstalt ohnehin vorhanden und die Zahl der arbeitsfähigen Anstaltsinsassen seit Kriegsbeginn zurückgegangen. Zu einem Teil konnten die Arbeiten nun nach der Verlegung der Abteilung von Chemnitz-Altendorf nach Bräunsdorf von den Jugendlichen erledigt werden.

Auch in der Zeit bis zum Ende des Jahres 1943 wurde hauptsächlich landwirtschaftliche Arbeit durch die Jugendlichen geleistet. 26 männliche Jugendliche kamen im Zeitraum vom 1. Juni bis zum 31. Dezember 1943 auf 4.368 Arbeitstage, also auf 168 Tage pro Person, und zusätzlich wurden 35 Mädchen zusammen 638 Arbeitstage von September bis November auf dem Staatsgut eingesetzt. Außerdem waren vier Jungen und, von Juni bis November, 15-20 Mädchen in der anstaltseigenen Gärtnerei insgesamt 1.701 Arbeitstage lang tätig. Weitere schwere Arbeiten wurden ebenfalls durch die Jugendlichen bewältigt, so waren z.b. im September und Oktober 1943 fünf Jungen jeweils 45 Tage mit Steinbrucharbeiten beschäftigt. Für das Jahr 1944 lässt sich keine gravierende Veränderung in der Charakteristik der Arbeit erkennen. Der größte Teil bleibt landwirtschaftliche Arbeit. Allerdings werden im Jahr 1944 nun auch einige der Knaben, also die Jungen aus der Gruppe der 5-12 Jährigen, mit den Mädchengruppen zusammen zu Näharbeiten, Feldarbeit und Arbeit in der Gärtnerei herangezogen.[196]

Rein quantitativ bleibt die Leistung an Arbeitstagen 1943 und 1944 etwa gleich. Wenn man die geleisteten Arbeitstage einfach durch die durchschnittliche Belegungsstärke teilt, ergeben sich für beide Jahre etwa 67,5 Arbeitstage pro Person in der Abteilung. Dennoch ist diese Zahl aus drei Gründen nicht realistisch. Erstens war die Leistungsfähigkeit der Kinder und Jugendlichen sehr unterschiedlich, allein schon aus Altersgründen. Erst 1944 scheint die Abteilung auch jüngere Knaben zur Arbeit eingesetzt zu haben, trotzdem konnte natürlich ein 6-Jähriger nicht dieselbe Arbeitsleistung erbringen, wie ein 13-Jähriger. Zweitens war die individuelle körperliche und geistige Verfassung der Jungen und Mädchen unterschiedlich und dementsprechend variierte auch ihre Verwendung. Der letzte Grund ist, dass auch Arbeit durch die Zöglinge geleistet wurde, die die Abteilungsleitung nicht in Arbeitstage umrechnete. So kamen zu den insgesamt 13.305 geleisteten Arbeitstagen der Zöglinge weitere Tätigkeiten dazu. Es wurden zusätzlich 2.000 Zentner Kartoffeln gewaschen und transportiert, ca. 181 kg Federn geschlissen, 61.600 Brote von der Mühle zur Anstalt transportiert (in 308 Fuhren, wobei eine Fuhre 2½ Stunden dauerte), 2.098 Paar Strümpfe gestopft, sowie diverse Näh- und Strickarbeiten ausgeführt.[197] Dies alles zeigt, dass 67,5 Arbeitstage pro Person nur ein Durchschnittswert ist und nicht mehr. Arbeit, auch in schwerer körperlicher Form, gehörte vielmehr zum Abteilungsalltag. Letztendlich stand für die Kinder und Jugendlichen, wie schon am Anfang dieses Kapitels gezeigt, nicht die Bildung im Mittelpunkt, sondern die Funktion der Abteilung bestand lediglich darin, die mögliche Arbeitskraft der Zöglinge auszunutzen. Hier zeigt sich auch das rassenhygienische Verständnis der Nationalsozialisten. Eine Daseinsberechtigung hatten nur diejenigen, die arbeiteten und ihren Teil zur Kriegswirtschaft beitrugen. In der zu dieser Zeit bereits recht aussichtslosen Lage an den Fronten galt es alle Kräfte zu mobilisieren. Im Umkehrschluss bedeutete dies auch, dass alle nicht arbeitsfähigen Personen Ballast sind. Dies wirkte sich auch auf das Leben in der „Abteilung für bildungsfähige Schwachsinnige" aus.

Denn die Kinder und Jugendlichen unterlagen einer regelmäßigen Beurteilung, die von großer Bedeutung für das weitere Leben der Zöglinge war. Die Begutachtung der eigentlichen Bildungsfähigkeit war dabei nicht der entscheidende Punkt. Schließlich wurden ja keine Bildungsinhalte mehr vermittelt, weswegen auf diesem Gebiet keine positiven Entwicklungen zu erwarten waren. Entscheidend war, wie sich der Zögling bei der Arbeit anstellte und ob er in absehbarer Zeit auch selbstständig oder zumindest außerhalb der Anstalt arbeiten könnte. Petra Fuchs stellte für die Bedeutung des Kriteriums der Bildungsfähigkeit für die „Aktion T4" fest:

„Die Selektion und Vernichtung von Kindern und Jugendlichen im Rahmen der zentral gesteuerten NS-‚Euthanasie' wurde also von einem impliziten, an sozialen Kategorien orientierten Kriterium bestimmt, nämlich vom Grad der ‚Bildungsfähigkeit', von der mutmaßlichen Erziehungs- und Arbeitsfähigkeit und der vermuteten späteren Selbstständigkeit im Sinne sozialer Nützlichkeit und ökonomischer Verwertbarkeit der Betroffenen."[198]

Im Unterschied dazu wurde die Arbeitsfähigkeit der Zöglinge in Bräunsdorf nicht einfach prognostiziert, stattdessen wurde die Verwendungsfähigkeit direkt getestet. Der Begriff „Bildungsfähigkeit" hatte sich in Bräunsdorf vollständig von seiner Bedeutung gelöst.

Zur Erprobung der Zöglinge und deren Heranführung an die Arbeit eignete sich die Nutzung der Bräunsdorfer Anstalt besonders durch die vorhandenen Arbeitsmöglichkeiten in den Werkstätten und in der Landwirtschaft. Auf letzterer lag das besondere Augenmerk. Möglicherweise war dies auch einer der Gedanken bei der Entscheidung die Abteilung nach Bräunsdorf zu verlegen, da die Anstalt zuvor schon auf die Ausnutzung der Arbeitskraft der Korrigenden spezialisiert war. Hier konnte gesehen werden, welche Zöglinge sich im Erwachsenenalter für ein Arbeitsleben außerhalb von Anstalten eignen könnten und dadurch nicht mehr auf die Hilfe des nationalsozialistischen Staates angewiesen sein würden. Um aus auffälligen Jugendlichen noch brauchbare Arbeitskräfte zu gewinnen, etablierte sich im Verlauf des Krieges ein auf den ersten Blick differenziertes Verfahren. Ab Ende 1942 entstanden im Rahmen eines Pilotprojektes der Hitlerjugend sogenannte Landesjugendhöfe, in denen sich in Fürsorgeerziehung befindliche Jungen und Mädchen für die „Volksgemeinschaft" zurückgewonnen werden sollten.[199] In dem den Jugendhöfen vorgelagerten Landesaufnahmeheim in Moritzburg wurden die Kinder und Jugendlichen zunächst beobachtet, um sie in den entsprechenden Einrichtungen unterzubringen. Wurde dort ein „angeborener Schwachsinn" als Ursache des abweichenden Verhaltens, gleichzeitig jedoch ein „Bildungsfähigkeit" angenommen, kamen die Betroffenen nach Bräunsdorf.[200] In der Abteilung für „bildungsfähige Schwachsinnige" mussten die Kinder und Jugendlichen dann ihre praktische Verwendungsfähigkeit beweisen.

Dies wirft die Frage auf, was mit denjenigen Zöglingen geschah, die sich nicht oder nicht ausreichend bei der Arbeit in Bräunsdorf bewährten. Diese sollten nicht auf Dauer in Bräunsdorf verbleiben. So meldete in Folge eines Runderlasses vom 13. Februar 1943 Abteilungsleiter Nitzsche 22 Zöglinge am 31. März 1943 zur Verlegung, davon 8 nach Leipzig-Dösen, 3 nach Großschweidnitz und 11 für den „Reichsausschuss zur wissenschaftlichen Erfassung von erb- und anlagebedingten schweren Leiden" (künftig „Reichsausschuss").[201] Mit dieser Meldung übergab Nitzsche das Schicksal dieser Zöglinge in die Hände der Organisatoren der „Kindereuthanasie" in der „Kanzlei des Führers", die sich hinter der Tarnbezeichnung des „Reichsausschusses" verbargen.[202] Die meisten Zöglinge aus Bräunsdorf wurden zunächst nach Leipzig-Dösen verlegt, weil sich dort eine sogenannte Kinderfachabteilung des „Reichsausschusses" befunden hatte. Allerdings konnten die Verlegungen in den folgenden Monaten nach der Meldung von Nitzsche nicht nach Leipzig durchgeführt werden. Im Juli 1943 schaltete sich die Abteilung Volkspflege aus dem sächsischen Innenministerium ein:

„Am 29. Juni habe ich die Verwaltung der Landesheil- und Pflegeanstalt Leipzig-Dösen fernmündlich gebeten, für die Zuführung der nach der Kinderfachabteilung zu verlegenden schwachsinnigen Jugendlichen möglichst umgehend Platz zu schaffen und dem Landeserziehungsheim für bildungsfähige schwachsinnige Jugendliche in Bräunsdorf entsprechende Mitteilung zugehen zu lassen. Die Verwaltung der Landesheil- und Pflegeanstalt hat mir baldige und bevorzugte Erledigung zugesagt."[203]

Am 15. Oktober 1943 meldete das sächsische Innenministerium nach vorherige Absprache mit Abteilungsleiter Nitzsche wieder zehn Zöglinge zur Verlegung nach Leipzig-Dösen an, worunter sich aber auch vier Jungen befanden, die bereits am 31. März 1943 von Nitzsche gemeldet wurden.[204] Der Vorgang hatte sich über das Jahr 1943 verselbstständigt und Nitzsche meldete regelmäßig Zöglinge zur Verlegung an, die sich nicht in gewünschter Weise in den Arbeitsprozess in Bräunsdorf integriert hatten.

Um den Jahreswechsel 1943/44 veränderte sich der Zielort der Verlegungen. Im Dezember 1943 musste die „Kinderfachabteilung" in Leipzig-Dösen nach einem schweren Luftangriff auf die Stadt in die Landesanstalt Großschweidnitz verlegt werden.[205] Dadurch kam auch Dr. Arthur Mittag von Leipzig-Dösen nach Großschweidnitz, wandelte dort die Kinderstationen in die „Kinderfachabteilung" um und übernahm die Leitung der Abteilung.[206] Das Vorgehen für Nitzsche in Bräunsdorf blieb dasselbe. Er war der Beobachter der Zöglinge vor Ort und meldete nicht zufriedenstellende Zöglinge weiter. Von den Bräunsdorfer Jungen und Mädchen starben mindestens 29 Kinder und Jugendliche in Großschweidnitz sowie ein Junge in Leipzig-Dösen.[207] Bei fast allen (26 von 30) lautete die Todesursache Lungenentzündung. 14 der Opfer kamen über den Umweg der „Kinderfachabteilung" Leipzig-Dösen nach Großschweidnitz. Auffällig ist die Geschlechterverteilung unter den Opfern aus Bräunsdorf. 24 männlichen Opfern stehen „nur" 6 weibliche Opfer gegenüber. Eine mögliche Erklärung ist, dass die Erwartungen an die Arbeitsleistung der männlichen Zöglinge in Bräunsdorf höher waren und sie schwierigere Arbeiten ausführen mussten, als die weiblichen Zöglinge. Der harten Arbeit in der Landwirtschaft etc. waren die männlichen Kinder und Jugendlichen selbstverständlich kaum gewachsen. Deshalb wurde ihre Arbeitsleistung möglicherweise schneller negativ eingestuft und sie zur Verlegung in die „Kinderfachabteilungen" gemeldet.

In der Zeit der Abteilung in Bräunsdorf verstarben einige Zöglinge direkt in der Landesanstalt. Zwei Jungen starben im Jahr 1943, drei weitere Jungen 1944 und schließlich 1945 bis zum Kriegsende nochmals zwei Jungen. Die genauen Todesumstände sind unbekannt, allerdings ist eine gezielte medikamentöse Tötung, wie in den „Kinderfachabteilungen", unwahrscheinlich.

Im Folgenden soll an zwei Beispielen aufgezeigt werden, wie die Jungen und Mädchen in die Mordmaschinerie der „Kindereuthanasie" gerieten und welche Rolle der Aufenthalt in Bräunsdorf dabei spielte.

Annelies Ringler:
Annelies Ringler wurde am 16. November 1928 in Roßwein geboren.[208] Erstmals wurde sie in der Universitätsnervenklinik Leipzig untersucht, weil sie in ihrer Entwicklung zurückgeblieben war. Dort wurde das Untersuchungsergebnis an das Jugend- und Wohlfahrtsamt in Döbeln geschickt. Dort hieß es:

„Es handelt sich bei A.R. um ein intellektuell rückständiges, motorisch ungeschicktes, antriebsarmes, unkonzentriertes und uninteressiertes Mädchen, das durch schulisches Versagen und gewisse Charakterzüge wie: Unbeständigkeit und Haltlosigkeit aufgefallen ist. Diese Eigenschaften machen eine Erziehung zu Hause außerordentlich schwierig, zumal eine regelmäßige Beaufsichtigung und eingehende Förderung durch die berufstätige Mutter fortfallen. Wir empfehlen deshalb eine Unterbringung in der Landeserziehungsanstalt Chemnitz-Altendorf.

Eine Meldung wegen angeborenen Schwachsinns ist von der Klinik nicht gemacht worden. [...] Es ist eine spastische Parese des rechten Beines vorhanden, die auf eine organische Hirnschädigung hindeutet. Ob dieser Hirndefekt aber von einem solchen Ausmaß ist, dass dadurch die hochgradigen intellektuellen und charakterlichen Ausfälle erklärt werden können, erscheint zweifelhaft und ist ohne Encephalographie nicht zu klären. [...] Überdies finden sich auch ein Strabismus und ein angeborenes Herzleiden, Veränderungen, die als degenerative Merkmale gedeutet werden könnten."[209]

Eine Unterbringung in der Anstalt hielten die untersuchenden Ärzte zwar für notwendig, jedoch waren sie sich nicht sicher, woher die geistige Rückständigkeit des Mädchens stammte. Deswegen unterblieb vorerst auch eine Meldung wegen angeborenen Schwachsinns. Daraufhin wurde Annelies Ringler am 9. Oktober 1939 in Chemnitz-Altendorf eingewiesen und kam dann am 4. April 1944 nach Bräunsdorf. In der Akte aus Großschweidnitz findet sich auch die Abschrift eines Berichts von Johannes Nitzsche über das Mädchen vom 22. August 1944. Darin schreibt er:

„Im Hause kann sie nur zu kleinsten Handreichungen angehalten werden, in Handarbeiten leistet sie nichts. Für Außenarbeit ist sie nicht einsetzbar wegen ihres Augenleidens. Sie steht geistig kaum auf der Stufe einer 10 Jährigen. Sie wird nie ihren Unterhalt erwerben können und eignet sich für Unterbringung in einer Heil- und Pflegeanstalt (Großschweidnitz), hier ist eine Förderung nicht zu erwarten. Im Betragen war sie gut."[210]

Dieser Auffassung folgte das sächsische Innenministerium. Am 13. September 1944 wurde Annelies Ringler von der Wärterin Gertraude Weinold von Bräunsdorf nach Großschweidnitz gebracht. Dort kam sie direkt in die „Kinderfachabteilung". Die wohl entscheidende Beurteilung erfolgte in Großschweidnitz am 11. Dezember 1944. Unter diesem Datum wurde in der Krankenakte festgehalten:

„Intellektuell sehr rückständig, stumpf, schwer von Begriff. Ist bei den übrigen Kindern nicht beliebt, weil sie oft sehr hässliche Reden führt. Näht mit Knöpfe an, macht das leidlich, bei anderen Beschäftigungen nachlässig, praktisch weitgehend unverwendbar. Hat einige Schulkenntnisse. Hält sich sauber. Ihre praktische Unverwendbarkeit steht im gewissen Gegensatz zu ihrer Schulfähigkeit. Bekommt sie einen Auftrag, so steht sie da und weiß nicht, was sie tun soll. Aus dem Unterricht musste sie entfernt werden, weil sie die anderen durch ihre Täppischkeit störte. Es scheint, dass bei dem Kind ein Rückgang, mindestens eine Stagnation eingetreten ist."[211]

Interessant an dieser Eintragung ist die Feststellung, dass sie durchaus schulfähig war, aber eben nicht für eine Tätigkeit in irgendeiner Form verwendet werden konnte. Es wird hier nochmals deutlich, wie wichtig die Arbeitsfähigkeit für die Beurteilung der Patienten gewesen ist. Die Schulfähigkeit dagegen war von keiner großen Bedeutung.

Danach folgen am 9., 11. und 14. Februar 1945 die typischen letzten Eintragungen, die auf eine Ermordung des Mädchens hinweisen: „9.2. Ausgedehnte Bronchitis, fiebert hoch.", „11.2. „Schlechter Allgemeinzustand. Nimmt kaum Nahrung zu sich. Dämpfung über beiden Unterlappen.", „14.2. Exitus 21:30 Uhr. T.U: Bronchopneumonie".

Der Mutter des Mädchens schrieb der ehemalige Bräunsdorfer und jetzige Großschweidnitzer Pfarrer Johannes Axt einen Brief, in dem es u.a. hieß:

„Dass sie als Mutter der Tod ihres Kindes sehr schmerzlich trifft, verstehe ich vollkommen. Allein sie selbst schreiben ja von dem ‚unheilbaren' Leiden der armen Kranken. Sehen Sie, von diesem hoffnungslosen Dasein hat der Herr GOTT nun ihr Kind erlöst. Er hat sie ‚heimgeholt'. Und wir dürfen ihm dafür dankbar sein. Ein armes hoffnungslos krankes Kind aber in der Liebe seines Vaters im Himmel geborgen zu wissen, ich denke, das ist ein Trost auch für eine Mutter, die ihr Kind sehr lieb gehabt hat."[212]

Doch nicht Gott hatte das Kind „erlöst", sondern die Verantwortlichen in Großschweidnitz hatten ein ihrer Meinung nach „lebensunwertes Leben" beendet. Die Briefe von Axt an die Angehörigen gehörten zur Verschleierungsstrategie dazu. In allen von mir angesehenen Fällen, in denen sich Briefe von Axt an die Angehörigen fanden, nutzte er ähnliche Formulierungen. Dies ist nicht verwunderlich, da das Sterben in Großschweidnitz in dieser Zeit längst zum Anstaltsalltag gehörte. Auch Pfarrer Axt muss sich bewusst gewesen sein, dass diese Todesfälle nicht auf natürliche Weise eintraten, sondern durch das Einwirken der Ärzte zustande kamen. Aus seinen Formulierungen kann auch herausgelesen werden, dass er den Tötungen nicht negativ gegenüberstand und dies auch den Angehörigen vermitteln wollte, auch wenn er diesen gegenüber den „Willen Gottes zur

Erlösung" vorschob.

Siegfried Voigt:
Ein weiteres Beispiel ist der am 12. April 1934 in Steinbach im Kreis Dresden geborene Siegfried Voigt vorstellen.[213] Er war in Bräunsdorf vom 19. März 1942 bis zum 30. Juni 1943 untergebracht. Bereits zuvor war er in Chemnitz-Altendorf und zog dann am 19. März 1942 mit der Abteilung nach Bräunsdorf. Oberlehrer Nitzsche beschrieb den Jungen so: „V. kam als 6 jähriges Kind in die unterste Vorschulklasse. Sein freundliches und zutrauliches Wesen machte ihn bald zum Liebling der Abteilung. Er war dauernd schwer unruhig, ahmte viele Gesten anderer nach, belustigte seine Umgebung durch seine Faxereien und konnte sich auf nichts konzentrieren."[214] Diese Konzentrationsschwäche machte es dem Jungen schwer, in der Schule größere Fortschritte zu machen. „Nachdem V. 2 Jahre in geduldigster Weise im Unterricht mitgenommen wurde, ohne vorwärts zu kommen, wurde er aus dem Unterricht entfernt. In der Arbeitsabteilung war auch kein Erfolg zu verzeichnen. Es war nicht möglich, ihn an eine geordnete Tätigkeit zu gewöhnen. Infolge seiner Unruhe konnte er nicht weiter gefördert werden."[215] Obwohl er der Liebling der Abteilung war, zählte allein seine Arbeitsfähigkeit. Da diese nicht gegeben war, meldete Nitzsche ihn zur Verlegung an. In den Laufakten steht der kurze Vermerk: „Am 30.6.43 wurde V. auf Veranlassung des RA. [gemeint ist der „Reichsausschuss zur wissenschaftlichen Erfassung von erb- und anlagebedingter schwerer Leiden"; Anm. d. Autors] der Kinderfachabteilung Leipzig-Dösen zugeführt."[216] In Leipzig-Dösen waren sich die Beobachter nicht sicher, wie sich Siegfried weiterentwickeln würde und beschlossen, seine Arbeitsfähigkeit weiter zu testen. Am 7. Dezember kam Siegfried mit der kompletten „Kinderfachabteilung" in einem Sammeltransport von Leipzig-Dösen nach Großschweidnitz.

Die Eltern hielten Kontakt zum Sohn bzw. zur Anstalt. Sowohl seine Mutter als auch sein Vater erkundigten sich nach dem Befinden des Jungen. Zudem beschwerte sich sein Vater darüber, dass er nicht über die Verlegung seines Sohnes informiert wurde. Die größte Beziehung zu dem Jungen hatte jedoch seine Tante Charlotte. Sie schrieb an die Anstalten Leipzig-Dösen und Großschweidnitz und holte ihn im Sommer 1944 für eine Woche zu sich. Letztmalig besuchte sie ihn am 24. November 1944 in Großschweidnitz und fuhr mit ihm Einkaufen.

Weil der Zehnjährige in Großschweidnitz schulisch nicht vorankam und auch nur in geringem Maße arbeiten konnte, fiel wohl zu Beginn des Jahres 1945 die Entscheidung ihn zu töten. Nach dem bekannten Muster bekam Siegfried Mitte April 1945 zuerst Fieber und sein Allgemeinzustand verschlechterte sich. Am 22. April starb er um elf Uhr. Als Todesursache verzeichnete Dr. Mittag Bronchopneumonie.

Vom Tod des Neffen erfuhr seine Tante Charlotte erst nach dem Krieg. Empört über die späte Information schrieb sie am 21. Oktober 1945 nach Großschweidnitz und forderte die gekauften Kleidungsstücke zurück. Am 27. Oktober folgte von Pfarrer Axt die Antwort:

„Es tut uns aufrichtig leid, dass Sie so spät in den Besitz der Mitteilung gekommen sind, die Ihnen den Tod Ihres kleinen Siegfried vermeldet. Leider auch eine Folge der Zeitverhältnisse, die Unannehmlichkeiten über Unannehmlichkeiten mit sich bringen. [...] Ich habe am 25.4. d.J. -10,45 Uhr die Trauerfeier für Siegfried gehalten. Er war in unserer schönen Kapelle mit viel Liebe aufgebahrt. Der Sarg war innen mit Blumen ausgelegt. Die Feier war umrahmt von Harmoniumspiel und Gesang. [...] Für die unendlich entsagungsvolle und liebevolle Fürsorge, mit der Sie den Knaben betreut haben, gebührt Ihnen wärmster Dank. Ein schönes Bewusstsein für Sie, dass Siegfried den wenigen Sonnenschein auf seinem Erdenwege gerade Ihnen verdankt. Dass der Tod für den bedauernswerten Kranken, dem nicht zu helfen war, eine Erlösung bedeutet, darin werden auch Sie mit uns übereinstimmen. Gott, der Herr, hat es also wohl gut gemeint mit dem Kinde, als er es hienieden abrief und heimholte in das Vaterhaus, das droben ist. Siegfried wäre hienieden dem Kampfe ums Dasein niemals gewachsen gewesen."[217]

Diese Antwort ist in mehrfacher Hinsicht bemerkenswert. Erstens hielt Pfarrer Axt auch fast ein halbes Jahr nach Kriegsende an der Rechtfertigung und Verschleierung der Morde in Großschweidnitz fest. Er erläuterte die Umstände der Trauerfeier genauso, wie in den Briefen vor Kriegsende. Selbstverständlich fanden zu diesem Zeitpunkt keine würdigen Trauerfeiern für die Verstorbenen in Großschweidnitz mehr statt. Zweitens gibt Axt indirekt zu, ein Mitwisser gewesen zu sein und seinen Teil bei den Vorgängen in der Anstalt aus Überzeugung erledigt zu haben. Denn es ist merkwürdig, dass er schrieb, die Tante würde wohl mit „uns" und nicht mit „mir" übereinstimmen, dass es für den Jungen eine Erlösung aus seinem Leiden gewesen wäre. Hier vertrat er nicht seine persönliche Meinung als Theologe, stattdessen die Meinung der verantwortlichen Anstaltsmitarbeiter oder sogar die Einstellung des nationalsozialistischen Staates zum „lebensunwerten Leben". Zum Schluss verwies der Pfarrer auf den vermeintlichen „Kampf ums Dasein", den der Junge nicht hätte bestehen können. Solche Worte mussten den Angehörigen spätestens nach dem Krieg als blanker Hohn vorkommen. Für den Pfarrer war es möglicherweise eine Strategie erst gar kein Schuldbewusstsein zu entwickeln, indem er die angebliche Rechtfertigung immer von neuem wiederholte. Dies war nicht ungewöhnlich für die Täter und Mitwisser der Euthanasiemorde.

Vorhandene Plätze	1943	1944	1945 (Januar - April)
Jungen 5 - 12 Jahre	63	60,7	63,5	62
Jungen 13 - 18 Jahre	70	56,7	66,4	67,5
Mädchen 5 - 17 Jahre	56	58,7	67	64
Gesamt	189	176,1	196,9	193,5

Tabelle 3: Durchschnittliche Belegung der „Abteilung für bildungsfähige Schwachsinnige" Bräunsdorf

3.4 DIE AUSSENABTEILUNG BRÄUNSDORF DER HEIL- UND PFLEGEANSTALT HOCHWEITZSCHEN

Neben der Verbindung zur „Kindereuthanasie", war die Landesanstalt Bräunsdorf auch in die dezentrale „Euthanasie" verwickelt. Weil die Heil- und Pflegeanstalt Hochweitzschen anderweitig genutzt werden sollte, wurde im September 1943 eine Außenabteilung in Bräunsdorf eingerichtet. Das bedeutete, dass die Anstalt Patienten in Bräunsdorf unterbrachte, die Verwaltung aber weiterhin von Hochweitzschen organisiert wurde. Rudolf Wilhelm Lehle hielt über die Räumungstransporte aus Hochweitzschen u.a. fest: „Am 23.9.1943, am 6. Januar 1944 und am 1. März 1944 wurden insgesamt 123 Frauen in die Außenstelle Bräunsdorf der Landesanstalt Hochweitzschen und nach Hilbersdorf (beide Orte bei Freiberg/Sa.) verbracht."[218] Wie viele Frauen ausschließlich nach Bräunsdorf kamen erwähnt er nicht. Außerdem kamen auch durch Verlegungen im Oktober, sowie durch einzelne direkte Einweisungen Frauen in die Abteilung nach Bräunsdorf. Dies belegen von mir ausgewertete Krankenakten von Patienten, die später in Großschweidnitz verstorben sind.

Mit dem Sammeltransport vom 23. September 1943 wurde eine Frauenabteilung nach Bräunsdorf verlegt. In einer Verlegungsnachricht an die Pflegeeltern einer Patientin hieß es aus Hochweitzschen: „Im Anschluss hieran möchte ich Ihnen noch mitteilen, dass ihre Pflegetochter am 23.9.1943 nach der Landesanstalt Bräunsdorf verlegt worden ist. Diese Abteilung bleibt trotzdem als Unterabteilung von Hochweitzschen bestehen und die Kranken werden dort von einem der hiesigen Ärzte und auch hiesigem Personal betreut."[219] Für die Abteilung wurde ebenfalls das angestammte Personal aus Hochweitzschen genutzt. Durch diese Verlegung kam nun mit Dr. Johannes Werner auch ein ausgebildeter Psychiater in die Abteilung nach Bräunsdorf. Zuvor war Werner von 1939 bis 1941 in Hochweitzschen als stellvertretender Direktor, dann als Abteilungsarzt in Arnsdorf tätig, ehe er schließlich ebenfalls als Abteilungsarzt in Bräunsdorf von September 1943 bis November 1945 seinen Dienst versah.[220]

Der Sammeltransport vom 21. Oktober 1943 brachte keine Patienten aus Hochweitzschen, sondern aus der Heil- und Pflegeanstalt Arnsdorf in die neue Abteilung. Mit folgendem Schreiben wurde der Schwester einer Patientin aus Bräunsdorf wenige Tage später der Grund für die Verlegung mitgeteilt.

„Von der Landesanstalt Hochweitzschen ist hier in Bräunsdorf eine Krankenabteilung errichtet worden; da in der Landesanstalt Arnsdorf Mangel an Plätzen für Kranke besteht, sind am 21. d. M. 20 Kranke von Arnsdorf hierher nach Bräunsdorf verlegt worden, darunter auch Ihre Schwester Margarete S. Die Verlegung der Kranken wurde also aus rein äußerlichen Anlass vorgenommen und nicht, weil etwa eine Änderung im Zustand der Kranken eingetreten war."[221]

Sowohl in Arnsdorf, als auch in Hochweitzschen wurden freie Betten benötigt, weswegen sich das sächsische Innenministerium wohl entschied, die Frauenabteilung in Bräunsdorf zumindest vorübergehend einzurichten. Verschärft wurde der Platzmangel durch anderweitige Nutzungen der sächsischen Landesanstalten. Wie bereits oben erwähnt, wurde eine Zeit lang auch in Bräunsdorf ein Teil der Anstalt durch die Volksdeutsche Mittelstelle genutzt. Im Fall der Heil- und Pflegeanstalt Arnsdorf befand sich seit 1940 ein Reservelazarett auf dem Gelände, das zwei Drittel der Anstaltsbetten beanspruchte und im Jahr 1943 folgten im Rahmen der „Aktion Brandt" zivile Kranke aus den luftgefährdeten Regionen in Westdeutschland.[222] Letzteres könnte der Grund dafür gewesen sein, dass ein kleiner Teil der Arnsdorfer Patienten am 20. Oktober 1943 nach Bräunsdorf verlegt wurde.

Noch am 8. Januar 1944 teilte die sächsische Reichsstatthalterei nach Hochweitzschen mit, dass Zugänge weiblicher Geisteskranker in die Außenabteilung Bräunsdorf einzuweisen sind, da diese durch Krankenverlegungen entlastet wurde.[223] Kurze Zeit danach begann schon die allmähliche Räumung der Abteilung in Bräunsdorf. In Sachsen gab es nur noch eine Heil- und Pflegeanstalt, die Patienten in größerer Zahl aufnahm, nämlich Großschweidnitz. Im Meldebuch von Großschweidnitz ist am 26. Januar 1944 ein Sammeltransport mit 29 weiblichen Patienten aus Bräunsdorf vermerkt.[224] Bereits vier Tage später starb die erste Frau aus diesem Sammeltransport. Von den 29 Frauen aus Bräunsdorf verstarben bis zum Kriegsende 22 in Großschweidnitz.[225] Ein großer Teil davon verstarb bereits in den nächsten Wochen und Monaten in der Landesanstalt. Ein zweiter Sammeltransport aus Bräunsdorf traf am 19. April in Großschweidnitz mit acht weiteren Frauen ein.[226] Aus diesem Transport starben mindestens vier Frauen bis Kriegsende in Großschweidnitz.[227] Zugleich stellte der Transport das Ende der Frauenabteilung von Hochweitzschen in Bräunsdorf dar.

Bei den Todesursachen der Frauen aus den beiden Sammeltransporten wurde meistens eine Pneumonie angegeben. Neben der Todesursache Lungenentzündung ist es genauso auffällig, dass die meisten der Frauen wenige Wochen nach ihrer Ankunft in Großschweidnitz starben. Einen Monat nach der Verlegung waren bereits elf der Frauen und bis Mitte März 16 der 22 verstorbenen Frauen aus dem ersten Sammeltransport tot. Sowohl die verzeichneten Todesursachen als auch die geringen zeitlichen Abstände zwischen Ankunft und Tod deuten klar auf die Ermordung der Patientinnen hin.

Jedoch war Großschweidnitz nicht der einzige Anlaufpunkt für die Frauen aus Bräunsdorf. Der Großteil der Frauenabteilung kam in die Anstalt Kosmanos in Böhmen. Dietmar Schulze nennt zwei Transporte am 18. und 19. April 1944 mit insgesamt 130 Personen aus der Landesanstalt Hochweitzschen nach Kosmanos.[228] Dabei handelte es sich um Patientinnen der Außenabteilungen in Bräunsdorf und Hilbersdorf. Der Transport aus Bräunsdorf erfolgte mit 63 Frauen und einem Mann am 18. April 1944. Von diesen 64 Personen starben in der Anstalt Kosmanos 45, was einer Sterblichkeit von über 70 % entspricht.[229] Allein die Zahlen sprechen für die Zustände in Kosmanos.

Im Folgenden möchte ich auch hier stellvertretend ein Beispiel einer Patientin aus dieser Abteilung darstellen.

Marie Zimmermann:
Am 18. April 1918 wurde Marie Zimmermann in Oederan geboren.[230] Sie arbeitete zunächst als Hausmädchen und später als Wärterin in der Heil- und Pflegeanstalt Hubertusburg. Mit 21 Jahren zeigte sie zum ersten Mal ein auffälliges Verhalten und wurde vom Landkrankenhaus Meißen in die Heil- und Pflegeanstalt Hochweitzschen überwiesen. Während ihres Aufenthalts in Hochweitzschen hielten ihr Vater und ihre Mutter den Kontakt zur Tochter und zur Anstalt. Nachdem die Mutter sie bereits im Oktober für zwei Wochen beurlaubt hatte, wurde sie schließlich am 7. Dezember 1939 nach einem ca. siebenmonatigen Aufenthalt wieder

entlassen. Eine gesicherte Diagnose wurde in dieser Zeit nicht gestellt. Über zwei Jahre verlief ihr Leben vollkommen normal. Erst nach der Geburt ihrer Tochter am 25. Februar 1942 verschlechterte sich ihr Zustand wieder. Deswegen wurde ihre neugeborene Tochter im Kreiskinderheim in Strehla und sie selbst wieder in Hochweitzschen untergebracht. Als der Vater nach wenigen Wochen bereits auf die Entlassung seiner Tochter aus Hochweitzschen drängte und die Anstalt durchaus gewillt war dies zu erlauben, schaltete sich der Bezirksfürsorgeverband Oschatz ein. Dieser verhinderte die Entlassung zu den Eltern mit der Begründung, dass der Vater an Schüttellähmung leide und die Mutter leicht schwachsinnig sei und sich damit beide nicht ausreichend um die Tochter kümmern könnten. Der Bezirksfürsorgeverband stellte die Familie mit Erfolg als erblich belastet und minderwertig dar, denn die Anstalt entließ die Tochter nicht zu den Eltern. Zumindest kam Marie Zimmermann Mitte August in das Kreisheim in Strehla. Gleichwohl wurde sie bereits einen Monat später zurück nach Hochweitzschen geschickt, weil sich ihr Zustand verschlechterte. Trotzdem fanden sich die Eltern mit der Anstaltsunterbringung ihrer Tochter nicht ab, womöglich aus Angst, ihr könnte dort etwas zustoßen. So wendete sich die Mutter per Brief sogar an den Leiter der Deutschen Arbeitsfront, Robert Ley, woraufhin tatsächlich die Kreisstelle der DAF Oschatz von der Anstaltsdirektion eine Stellungnahme zu dem Fall forderte. Diese wiegelte aber ab, indem sie die Eltern diffamierte. Außerdem wurde der Mutter ein Besuchsverbot auferlegt, dennoch schrieb sie weiterhin Briefe an die Anstalt. Am 23. September 1943 erfolgte ihre Verlegung im Sammeltransport in die Frauenabteilung nach Bräunsdorf. Eine feste Diagnose stand immer noch nicht fest. Die Ärzte vermuteten lediglich Schizophrenie. Eine der wenigen Eintragungen in der Krankenakte aus Bräunsdorf vom 2. Dezember 1943 lautet: „Pat. geht gern der Arbeit aus dem Wege; sie wird regelmäßig zum Federnschleißen herangezogen. Ihre Leistungen sind dabei wechselnd, im ganzen ziemlich gering. Zeitenweise Erregungszustände, die in Schimpfattacken u. schnippischen Bemerkungen sich äußern."[231] Ihre Verlegung von Bräunsdorf nach Großschweidnitz erfolgte per Sammeltransport am 26. Januar 1944. Dort angekommen, starb sie bereits am 21. Februar 1944. Als Todesursache wurde, wie so oft, eine Pneumonie angegeben. Dass das Leid und die Ungewissheit für die Verwandten über den Tod hinaus noch lange Zeit anhielt und teilweise bis in die Gegenwart anhält, zeigt sich hier exemplarisch. In der Akte befand sich nämlich ein Brief der am 25. Februar 1942 geborenen Tochter der Ermordeten, in dem sie sich 1995 an den damaligen ärztlichen Leiter in Großschweidnitz wandte. Sie beschrieb, wie sehr sie die Ungewissheit über das Leben und den Tod ihrer Mutter belastete und fragte an, ob sich eine Akte über ihre Mutter in Großschweidnitz befände und ob sie dort ermordet worden wäre. Der ärztliche Leiter antwortete ihr, dass sich eine Akte in Großschweidnitz befindet, lud sie zur Einsicht der Akte ein, konnte aber nicht sagen, ob Marie Zimmermann absichtlich getötet wurde oder nicht. Heute bleiben kaum Zweifel an einem absichtlich herbeigeführten Tod der Patientin.

3.5 AUFNAHME VON UMQUARTIERTEN IM FEBRUAR UND MÄRZ 1945

Die alliierten Luftangriffe zerstörten in den deutschen Städten nicht nur militärische Einrichtungen, Industriegebäude und Wohnraum, sondern auch Krankenhäuser und Anstalten. Dies hatte ebenfalls Auswirkungen für die Landesanstalt Bräunsdorf. Infolge der Bombardierung Dresdens am 13. Februar 1945 wurden Personen aus der Fürsorgeanstalt Dresden-Leuben in der Landesanstalt Bräunsdorf untergebracht. Am 20. Februar 1945 wurden 81 Personen von Dresden nach Bräunsdorf verlegt.[232] Der Transport bestand wohl fast ausschließlich aus älteren Männern und Frauen. Von diesen 81 Personen überleben 30 nicht das folgende Jahr, was einer Sterberate von ca. 37% entspricht.[233] Unter diesen 30 Todesfällen sind allein 14 Personen, die bis Ende März 1945 verstarben. Es kann an diesen Zahlen abgelesen werden, dass zum hohen Alter der Umquartiesrten und der Aufregung des Luftangriffs, auch noch schlechte Bedingungen beim Transport und in der Anstalt selbst hinzukamen. Dementsprechend war fast die Hälfte der Todesfälle bis Ende März aufgetreten. Bei drei weiteren Todesfällen im April 1945, bleiben aber auch noch 13 Personen des Transports übrig, die erst nach dem Ende des Zweiten Weltkriegs, nämlich von Juni 1945 bis Januar 1946 verstarben. Dies ist ein Anzeichen dafür, dass die Bedingungen in der Anstalt auch in der unmittelbaren Nachkriegszeit schlecht gewesen waren. Das durchschnittliche Alter der im März und April 1945 verstorbenen Personen beträgt 80,6 Jahre und ist somit sehr hoch. Lediglich eine Frau war deutlich jünger als der Durchschnitt nämlich nur 40 Jahre. Sie stellt auch die einzige Ausnahme bei der Todesursache dar, denn bei ihr ist Herzmuskelschwäche als Todesursache verzeichnet. Bei allen anderen Fällen ist nur lapidar Altersschwäche angegeben.

Am 14. März 1945 wurden auch noch sieben Frauen im Alter zwischen 40 und 87 Jahren aus Arnsdorf nach Bräunsdorf gebracht.[234] In den folgenden neun Tagen verstarben zwei der Frauen (86 und 87 Jahre alt) aus Arnsdorf in Bräunsdorf, nämlich am 21. und 23. März 1945. Drei weitere Frauen des Transports starben zwischen Juni und November 1945. Nur zwei der sieben von Arnsdorf nach Bräunsdorf gebrachten Frauen überlebten das Jahr 1945. Trotz der hohen Sterblichkeit im März und April 1945 kann nicht auf eine gezielte Tötung der Personen geschlossen werden. Dafür gibt es keine Hinweise. Aber wie bereits oben erwähnt, ist die hohe Sterblichkeit auf die

Umstände des Transports und der Unterbringung in der Landesanstalt Bräunsdorf zurückzuführen. Dies war eine zu hohe Belastung für die überwiegend in hohem Alter befindlichen Personen. Wie der Transport konkret durchgeführt wurde, konnte nicht rekonstruiert werden. Aber es gab nur zwei Möglichkeiten, die realistisch waren. Entweder wurden die Umquartierten direkt mit Bussen oder LKW nach Bräunsdorf gebracht oder es wurde die Bahn genutzt. Allerdings verfügte Bräunsdorf über keine Bahnstation, sondern es musste noch ein ungefähr einstündiger Fußmarsch von der nächstgelegenen Bahnstation zur Landesanstalt absolviert werden. Es kam sicherlich auch eine gewisse Gleichgültigkeit der Verantwortlichen gegenüber den teilweise sehr alten Personen hinzu. Eine Überraschung konnte es jedenfalls nicht sein, dass für viele der umständliche Weg von Dresden und Arnsdorf eine zu große Belastung war. Die Vernachlässigung und hohe Belastung der älteren Menschen in Bräunsdorf war jedoch kein Sonderfall. Vielmehr war ein solches Vorgehen mit älteren Menschen in den Kriegsjahren zum Standard im nationalsozialistischen Deutschland geworden. Den verschlechterten Pflegebedingungen und den häufigen Transporten waren viele nicht mehr gewachsen.[235]

Insgesamt überlebten fast 40% der 88 Umquartierten aus der Fürsorgeanstalt Dresden-Leuben und der Heil- und Pflegeanstalt Arnsdorf die folgenden Monate in Bräunsdorf nicht.

3.6 DAS STERBEN IN DER ANSTALT

Abgesehen von den direkten „Euthanasie"-Maßnahmen, stiegen die Sterberaten in den deutschen Anstalten stark an. Deswegen ist es wichtig, sich auch die Todesfälle der Landesanstalt Bräunsdorf anzusehen. Jedoch erschwert auch hier die Dokumentenlage einen ausführlichen Überblick über die Sterberaten der Anstalt. Dennoch soll zumindest ein Blick auf die ungefähre Entwicklung der Sterberaten gegeben werden.

Bereits nach 1933 stieg die Sterberate in Bräunsdorf leicht an, was auch durch die neue Funktion der Anstalt, mit einer ganz anderen Alterscharakteristik im Vergleich zur Erziehungsanstalt, erklärbar ist. Ein deutlicherer Anstieg der Sterbezahlen erfolgte erst in den Kriegsjahren. Während in den Jahren 1934 bis 1938 etwa 10 bis 15 Personen jährlich in Bräunsdorf starben, stieg die Anzahl der Todesfälle während des Zweiten Weltkriegs an (1939: 38 Todesfälle; 1940: 62 Todesfälle; 1941: 69 Todesfälle; 1942: 100 Todesfälle; 1943: 94 Todesfälle; 1944: 160 Todesfälle; 1945: 571 Todesfälle, wovon ca. zwei Drittel in die Nachkriegszeit fallen).[236] Die Zahlen aus dem Totenbuch der Anstaltskirche sind jedoch nicht exakt, da auch verstorbene Mitarbeiter der Anstalt mitgezählt wurden. Allerdings machen diese nur einen sehr kleinen Teil der Todeszahlen aus. Sie zeigen also durchaus eine deutliche Tendenz an. In diesem Sinn ist auch die Tabelle 4 am Ende des Abschnitts zu verstehen, die ich anhand der Belegungstabellen 1 und 2 und der Sterbezahlen zusammengestellt habe. Tabelle 4 enthält ungefähre Zahlen, die in den Akten ermittelt werden konnten. Während die Sterberate bis 1939 relativ konstant blieb, stieg die Sterblichkeit im Zweiten Weltkrieg stark an, wobei auf dem Zenit 1944/45 etwa jede fünfte Person in der Anstalt starb.

Einen Teil der Leichen gab die Landesanstalt seit 1934 an die Anatomie der Universität Leipzig ab. Im ersten Jahr waren dies elf Leichen von Insassen.[237] Besonders in den Kriegsjahren war diese Abgabe an die Anatomie in Leipzig auch notwendig, da der Anstaltsfriedhof klein war und nicht jeder dort beerdigt werden konnte. Zu welchem Zweck die Universität Leipzig die Leichen aus Bräunsdorf holte, ist nicht bekannt.

Die Lebensumstände der Anstaltsinsassen verschlechterten sich in den Kriegsjahren zunehmend, was sich in der erhöhten Sterblichkeit abzeichnete. Was der genaue Grund für die enorm hohe Zahl der Todesfälle 1945 ist, blieb unklar, ist aber ein Anzeichen für chaotische Verhältnisse in den letzten Kriegsmonaten und der unmittelbaren Nachkriegszeit. Anhand der Verlegten aus Dresden und Arnsdorf 1945 weiter oben, habe ich bereits die hohe Belastung und Sterblichkeit in der Landesanstalt in dieser Zeit beschrieben. Diese schwierigen Umstände galten natürlich genauso für den Rest der Anstalt. Die Nutzung der Anstalt nach Kriegsende und die offensichtlich katastrophalen Zustände müssen noch weiter erforscht werden.

Das hohe Durchschnittsalter der Stamminsassen aus Bräunsdorf drückt sich auch in der Sterbestatistik aus. Für das Jahr 1941 beträgt das Durchschnittsalter der verstorbenen Insassen aus Bräunsdorf 64 Jahre.[238] Dem relativ hohen Alter entsprechend wurde mit Abstand am häufigsten als Todesursache Altersschwäche angegeben, nämlich in 32 Fällen. Ähnlich verhält es sich für die zwei Jahre später im Sterbefallregister des Standesamtes Bräunsdorf verzeichneten verstorbenen Anstaltsinsassen (Januar bis Ende Oktober 1943).[239] In diesem Zeitraum starben 69 Personen in der Anstalt. Davon gehörten 46 der Verwahrtenabteilung und dem Asyl an. Hier lag das Durchschnittsalter bei ungefähr 65 Jahren. 21 Verstorbene waren Gefangene im Arbeitshaus und ihr Durchschnittsalter betrug etwa 58 Jahre. Die verbliebenen zwei Toten aus diesem Zeitraum gehörten zur Abteilung für „bildungsfähige schwachsinnige" Kinder und Jugendliche. Sie waren gerade 13 und 15 Jahre alt. Die Lebenserwartung im Arbeitshaus der Anstalt scheint also geringer gewesen zu sein als in der Verwahrtenabteilung und dem Asyl. Ein möglicher Grund dafür war, dass von den Arbeitshausinsassen besonders hohe Arbeitsleistungen abverlangt wurden.

Insgesamt ist festzustellen, dass die Sterblichkeit in der Landesanstalt Bräunsdorf speziell in den Kriegsjahren deutlich angestiegen ist. Die meisten Verstorbenen hatten bereits ein höheres Lebensalter erreicht. Grund dafür war nicht etwa eine gute Versorgung der Insassen, sondern die allgemein hohe Altersstruktur. Dies war für eine Anstalt ihrer Art durchaus typisch. „Von der Altersstruktur gesehen war das Breitenauer Arbeitshaus längst ein Altersheim geworden. Es war allerdings ein Altersheim mit hartem Arbeitszwang."[240] Dieser harte Arbeitszwang, den es auch in Bräunsdorf für die Arbeitshausinsassen gab, führte zum früheren Tod dieser Insassengruppe gegenüber den Personen aus der Verwahrtenabteilung und dem Asyl.

	Belegungs-stärke	Todesfälle	Sterberate in %
1935	586	10	1,7
1936	835	13	1,5
1937	830	10	1,2
1938	848	12	1,4
1939	828	38	4,5
1940	826	62	7,5
1941	758	69	9,1
1942	744	100	13,4
1943	857	94	10,9
1944	795	160	20,1
1945 (bis Kriegsende)	802	ca. 190	ca. 23,7

Tabelle 4: Ungefähre Entwicklung der Sterberate

3.7 Das Kriegsende in der Anstalt

Gegen Ende des Jahres 1944 sollten sich auch die letzten Reserven in der Gegend von Freiberg für den hoffnungslosen Endkampf gegen die nach Deutschland vorrückenden Alliierten vorbereiten. In einem Mitte Oktober veröffentlichten Erlass verfügte Hitler die Gründung des Deutschen Volkssturms. Alle waffenfähigen Männer zwischen 16 und 60 Jahren sollten, obwohl ihr militärischer Wert gering war, die Alliierten im Reichsgebiet aufhalten um Zeit zu gewinnen, bis neue Waffen oder ein Bruch in der Koalition der Alliierten den Krieg doch noch zu einem siegreichen Ende für Deutschland führen würden. Dadurch trug der Volkssturm durch seine Mobilisierung, Organisation und Reglementierung einen Teil dazu bei, einen inneren Zusammenbruch zu vermeiden.[241]

Auch in Bräunsdorf und Umgebung sollten Volkssturmeinheiten aufgestellt werden. Da das Anstaltspersonal schon stark dezimiert war, bat Schmidt das sächsische Innenministerium das Personal der Landesanstalt von der Pflicht im Volkssturm zu dienen zu befreien, um die Funktionsfähigkeit der Anstalt nicht weiter einzuschränken. Allerdings teilte die Abteilung Volkspflege aus dem sächsischen Ministerium des Inneren am 19. Januar 1945 der Anstaltsdirektion mit: „Die Teilnahme am Dienst im Volkssturm ist Pflicht, von der die Gefolgschaft der Landesanstalt Bräunsdorf grundsätzlich nicht befreit werden kann."[242] Allerdings wurde der Anstaltsdirektion zugestanden Vorschläge zu machen, wer vom männlichen Anstaltspersonal nur dem II. Aufgebot zugeteilt werden soll. Das II. Aufgebot wurde lediglich im Heimatort eingesetzt, während das I. Aufgebot des Volkssturms auch in anderen Ortschaften eingesetzt werden konnte. Neben Schmidt selbst wurden zwölf von den verbliebenen zwanzig männlichen Mitarbeitern für das II. Aufgebot eingeteilt, sieben mussten zum I. Aufgebot und ein körperbehinderter Verwaltungsarbeiter wurden dem IV. Aufgebot zugeteilt.[234] Das Anstaltspersonal wurde dadurch also nochmals deutlich reduziert. Zu diesem Zeitpunkt lag das Durchschnittsalter des männlichen Anstaltspersonals bei 54 Jahren. Für den sinnlosen Endkampf brauchte das nationalsozialistische Deutschland aber eben jeden Mann und nahm keine Rücksicht auf das Alter der Personen oder die Bedürfnisse der Landesanstalt.

Wie die letzten Kriegsmonate in der Anstalt verliefen, lässt sich aus den Akten nicht ersehen, da sich die Verwaltung nur noch auf die nötigsten Dinge beschränkte. Im vorherigen Unterkapitel wies ich allerdings bereits daraufhin, dass chaotische Bedingungen in der Anstalt geherrscht haben müssen, denen gerade die alten und schwachen Männer und Frauen in der Landesanstalt Bräunsdorf zum Opfer fielen.

Jedoch hatten auch im Kreis Freiberg nicht alle die Zeichen der Zeit erkannt. Der Freiberger Kreisleiter der NSDAP notierte zwei Tage vor Hitlers

Selbstmord am 28. April 1945, dass er sich nun wieder verstärkt der Partei-arbeit widmen wollte, nachdem sich die Lage wieder etwas stabilisiert habe und fertigte eine Liste mit Aufgaben und Pflichten an, die es zu erledigen galt.[244] Doch in der Realität verblieb keine Zeit mehr für die Parteiarbeit. Anfang Mai erreichte die Rote Armee die Freiberger Umgebung und in Bräunsdorf bereiteten sich die Bewohner und die Anstalt auf die Ankunft der Sowjets vor. Die ersten Panzer der Roten Armee erreichten am 7. Mai das Dorf und dadurch auch die Anstalt.[245] Am 7. Mai geschah zudem ein weiteres für die Anstaltsgeschichte wichtiges Ereignis. Denn der Tag markierte nicht nur das Ende der nationalsozialistischen Herrschaft in Bräunsdorf und der Landesanstalt, sondern auch die Tätigkeit in der Anstalt wurde zwei Personen am selben Tag zum Verhängnis, wie Pfarrer Streubel festhielt:

„Am 7. Mai [wurden] in Bräunsdorf im Bereich der Landesanstalt die Aufseherin Meta Stein […] erschossen und vor allem am gleichen Tage der hervorragende tüchtige Direktor der Landesanstalt Gustav Schmidt, mein allerbester und treuester Freund (2. Samueles 1,26!), der wie ich der größte Nazigegner war und sich so sehr mit mir auf die Befreiung vom dem Nazi-regiment freute. Er ist auch nicht aus politischen Gründen erschossen wurden, sondern auf Angabe hier von ihm nicht günstig gesinnten Anstalts-insassen. Den beiden letzten habe ich am 17. Mai auf dem Anstaltsfriedhof in Bräunsdorf eine Gedächtnisrede gehalten."[246]

Die genannte 46-jährige Meta Stein war bereits seit dem 19. Dezember 1929 in der Anstalt beschäftigt und war am 1. Mai 1933 in die NSDAP ein-getreten.[247] Über die Hintergründe ihres Todes schrieb der Pfarrer nichts. Etwas aufschlussreicher sind seine Aussagen in Bezug auf Gustav Schmidts Tod. Dem Pfarrer zufolge wurde er nicht aus politischen Gründen erschossen, sondern weil er von einem Anstaltsinsassen denunziert wurde. Sehr interessant ist natürlich die Aussage, dass Schmidt mit Streubel zusammen die größten Nazigegner im Dorf gewesen wären und das Ende des Nationalsozialismus herbeigesehnt hätten. In Bezug auf Schmidt war diese Aussage schlichtweg gelogen, denn er war nun mal Funktionär in NS-Organisationen und, wenn auch spät, in die NSDAP eingetreten. Au-ßerdem konnte im Nationalsozialismus keine politische unzuverlässige Person Direktor einer Landesanstalt werden und zwölf Jahre bleiben. Wie mit politischen unzuverlässigen Beamten umgegangen wurde, zeigte die Entlassung von Direktor Schlosser in Bräunsdorf. Schmidt dagegen hatte erst in Colditz und dann in Bräunsdorf die Verantwortung für Verfolgte des Nationalsozialismus und gehörte dementsprechend auch selbst zum Verfolgungsapparat. Zudem sah er die Umstände, in denen die Insassen leben mussten, wie die Sterberate stark anstieg und er wusste mit Sicherheit auch von den Euthanasieverbrechen, auch wenn in seiner Anstalt nicht direkt gemordet wurde. Möglicherweise ließ bei Schmidt in den letzten Kriegsjahren, wie bei vielen Deutschen, der Glaube an den Nationalsozialismus nach. Das machte ihn jedoch noch lange nicht zum „Nazigegner", wie ihn Streubel beschreibt. Auch der Pfarrer selbst äußerte sich 1933 in Bezug auf Führer und Nationalsozialismus deutlich anders, weswegen auch hinter seiner Gegnerschaft zum Nationalsozialismus ein Fragezeichen bleibt.[248]

Dennoch lag der Grund für die Erschießung von Anstaltsdirektor Schmidt sicher nicht in seiner verantwortlichen Position oder seiner Mitgliedschaft in der NSDAP. Stattdessen gehörte er zu den willkürlich getöteten Personen, die die Rote Armee auf ihrem Vormarsch hinterließ. Ob tatsächlich ein ihm nicht wohlgesonnener Anstaltsinsasse oder -insassin den Anstoß dazu gegeben hat, bleibt dahingestellt. Am 7. Mai 1945 endeten die Geschichte der Anstalt im Nationalsozialismus und gleichzeitig das Leben der Person, die diese Zeit in der Anstalt entscheidend geprägt hatte.

SCHLUSS

Die Landesanstalt Bräunsdorf erlebte in den zwölf Jahren Nationalsozialismus viele Veränderungen. Nachdem die halbleere Erziehungsanstalt durch den Umzug der Korrektionsanstalt von Colditz nach Bräunsdorf ersetzt wurde, begann ein neues Kapitel in der Anstaltsgeschichte. Fortan wurden statt schwererziehbarer Kinder und Jugendlicher nun Menschen in der Landesanstalt untergebracht, die sich nicht allein versorgen konnten, keinen festen Wohnsitz und Arbeitsplatz hatten, bettelten, sich prostituierten, Alkoholiker waren oder Unterhaltszahlungen verweigerten. Gegen diese Gruppe gingen die Nationalsozialisten hart vor und reaktivierten die Arbeitshäuser, die am Ende der Weimarer Republik kaum genutzt wurden. Begründet wurde die Verfolgung durch die angeblichen Gefahren, die von den „Asozialen" für die „Volksgemeinschaft" ausgehen würden. Bei der Bekämpfung dieser Gefahr setzten die Nationalsozialisten auch auf rassenhygienische Maßnahmen. Da auch soziale Faktoren von Bedeutung waren, konnten die Insassen potentiell auch unter das „Gesetz zur Verhütung erbkranken Nachwuchses" fallen und zwangssterilisiert werden.

Durch das „Gewohnheitsverbrechergesetz" vom November 1933 verankerten die Nationalsozialisten das verschärfte Vorgehen gegen die vermeintlich „asozialen" Elemente der Gesellschaft auch rechtlich. Das Gesetz und mehrere Razzien füllten die Arbeitshäuser im ganzen Reich.

Ab der zweiten Einweisung in ein Arbeitshaus konnten die Personen auf Lebenszeit in den Anstalten festgehalten werden. Schnell war die anfängliche Maximalbelegung von Bräunsdorf fern jeglicher Realität. In den Jahren vor dem Zweiten Weltkrieg waren in der Landesanstalt teilweise mehr als 800 Insassen untergebracht und die Anstalt damit deutlich überbelegt. Der Arbeitszwang bestimmte den Anstaltsalltag für die Insassen. Gerade das riesige Anstaltsgut musste bewirtschaftet werden. Auch alle anfallenden Arbeiten in der Anstalt wurden von den Insassen erledigt. Von der Anstalt und deren Insassen profitierte zudem die ganze Umgebung. Durch den Verleih von Arbeitskräften an auswärtige Bauern und Firmen, verdiente die Anstalt zusätzliches Geld. Genau diese wertvolle Arbeitskraft wollten sich auch andere Stellen zunutze machen. Deswegen versuchte die Justiz die Arbeitshäusler, die auf ihre Kosten in Bräunsdorf untergebracht waren, in eigenen Justizlagern arbeiten zu lassen. In der Folge unterblieb die Einweisung von jüngeren arbeitsfähigen Arbeitshäuslern, was ein Grund für das Ansteigen des Durchschnittsalters in der Anstalt in den Kriegsjahren war. Unter diesen Umständen war Direktor Schmidt besonders bemüht, arbeitsfähige Personen in die Anstalt zu bekommen, was ihm eingeschränkt auch gelang. Allgemein sank die Bedeutung seiner Position in den Kriegsjahren. Vor dem Zweiten Weltkrieg war der Direktor allein die entscheidende Person in der Anstalt und die einzige Ansprechperson für das sächsische Innenministerium und den Generalstaatsanwalt aus Dresden. In den Kriegsjahren wurde die Landesanstalt teilweise auch anderweitig genutzt. So waren neben der Stammbelegung zeitweise polnische Kriegsgefangene und Umsiedler untergebracht. Wichtig waren aber hauptsächlich die Verlegungen der „Schwachsinnigenabteilung" aus Chemnitz-Altendorf und einer Frauenabteilung der Heil- und Pflegeanstalt Hochweitzschen nach Bräunsdorf. Durch diese Abteilungen verlor Schmidt an Einfluss, obwohl seine eigentliche Funktion als Anstaltsdirektor unangetastet blieb. Die Leitung der ehemaligen Chemnitzer Abteilung hatte der Oberlehrer Nitzsche inne und er traf die wichtigen Entscheidungen für die Abteilung und deren Zöglinge. Ähnliches galt für die Frauenabteilung, da die Leitung und Verwaltung bei der Heil- und Pflegeanstalt Hochweitzschen verblieb. Schmidts Einfluss auf die Vorgänge dieser Abteilungen war gering.

Für die Beurteilung der Anstalt sind diese Abteilungen von besonderer Wichtigkeit, denn in erster Linie durch sie war die Landesanstalt Bräunsdorf in die Euthanasieverbrechen der Nationalsozialisten verwickelt, auch wenn bereits wenige Insassen aus Bräunsdorf in die Gasmorde auf dem Sonnenstein einbezogen worden waren. In der „Abteilung für bildungsfähige schwachsinnige Kinder" wurden in Bräunsdorf Kinder und Jugendliche in Bezug auf ihre spätere Verwendung als Arbeiter getestet und beurteilt. Bildungsfähigkeit hieß nichts anderes als spätere Arbeitsfähigkeit. Negative Bewertungen führten die Betroffenen in die „Kinderfachabteilungen" Leipzig-Dösen und Großschweidnitz und damit häufig in den Tod. So fielen 30 Jungen und Mädchen, die zuvor in Bräunsdorf untergebracht waren, der „Kindereuthanasie" zum Opfer. Dem Leiter der Abteilung, Nitzsche, muss zu diesem Zeitpunkt die Funktion der „Kinderfachabteilungen" bekannt gewesen sein.

Die Einrichtung einer Außenabteilung für Frauen diente der Entlastung der Heil- und Pflegeanstalt Hochweitzschen. Anstaltsbetten waren in Sachsen äußerst knapp geworden, da viele Unterbringungsmöglichkeiten an die Wehrmacht oder die Volksdeutsche Mittelstelle abgegeben werden mussten. Bräunsdorf hatte dagegen noch gewisse Aufnahmekapazitäten, die nun durch die Außenabteilung genutzt wurden. Für die weiblichen Patienten wurde die Außenabteilung in Bräunsdorf nur zu einer Zwischenstation. Bei der Räumung der Abteilung kamen die Frauen in Sammeltransporten nach Großschweidnitz und Kosmanos, wo mindestens 71 der Patientinnen bis zum Ende des Krieges an Hunger und medikamentösen Überdosen starben.

Nach den schweren Luftangriffen auf Dresden wurde die Landesanstalt Bräunsdorf in den letzten Wochen des Krieges mit Personen aus der Fürsorgeanstalt Dresden-Leuben belegt. Genau wie diese, hatten auch die meisten aus Arnsdorf verlegten Frauen und Männer bereits ein hohes Alter erreicht. Mit dem schwierigen Transport dieser Menschen nach Bräunsdorf wurde das baldige Ableben der Personen mindestens billigend in Kauf genommen, wenn dies nicht sogar beabsichtigt war. Dementsprechend hoch war die Sterblichkeitsrate unter dieser Gruppe in der Landesanstalt in den folgenden Monaten gewesen.

Am 7. Mai 1945 erreichte die Rote Armee Bräunsdorf, womit die nationalsozialistische Herrschaft über die Anstalt endete. Anstaltsdirektor Schmidt fiel unmittelbar der Willkür der Sowjets zum Opfer. Seine individuelle Schuld ist nicht einfach zu bewerten. Als Anstaltsdirektor einer Landesanstalt setzte er die rassenhygienischen Maßnahmen nach 1933 um, profitierte von der Verfolgung und Ausbeutung der sogenannten „Gemeinschaftsfremden", organisierte die Erfassung der Insassen in seiner Anstalt und setzte alle Anweisungen des sächsischen Innenministeriums um. Direkte Tötungen gab es in Bräunsdorf dagegen nicht. Solange die Akten der Insassen der Stammabteilungen nicht gefunden und ausgewertet sind, kann Schmidts Handeln nicht abschließend eingeschätzt werden. Allerdings wären Hinweise auf eine Gegnerschaft zum Nationalsozialismus, wie sie der Bräunsdorfer Pfarrer 1945 äußerte, eine Überraschung. Viel wahrscheinlicher ist, dass Schmidt willfährig die nationalsozialistischen Gesundheits- und Verfolgungspolitik umsetzte. Dieser Eindruck entstand zumindest aus der vorhandenen Aktenlage.

Durch die Sonderstellung der Landesanstalt Bräunsdorf als Arbeitshaus mit Verwahrtenabteilung und Asyl verlief die Anstaltsgeschichte anders als in den anderen sächsischen Landesanstalten. Sie war nicht in dem hohen Maße von den Verfolgungsmaßnahmen gegen psychisch Kranke, wie die Heil- und Pflegeanstalten betroffen. Dafür kamen aber juristische Faktoren bei der Verfolgung von Bettlern, Landstreichern, Prostituierten usw. hinzu, die bei den anderen Anstalten keine Rolle spielten. Um die wertvolle Arbeitskraft der Insassen entstanden Konflikte zwischen der Justiz, die die Einweisungen in die Arbeitshäuser vornahmen und dem Innenministerium, das für die Landesanstalten insgesamt zuständig war. Bräunsdorf stellte eine Schnittstelle zwischen den beiden Institutionen dar. Die Arbeitsleistung der Stammabteilungen bewahrten deren Insassen wohl vor der Vernichtung im Rahmen der NS-„Euthanasie". Jedoch war ihre Vernichtung, wie an der Probeerfassung im Arbeitshaus Rummelsburg zu erkennen war, für einen späteren Zeitpunkt durchaus vorgesehen. In den Konzentrationslagern war die „Vernichtung durch Arbeit" von „Asozialen" bereits in den Kriegsjahren umgesetzt worden.

Letztendlich stellte die Landesanstalt Bräunsdorf ein Verfolgungsinstrument für Personen dar, die im nationalsozialistischen Verständnis aufgrund ihres „asozialen" Verhaltens nicht zur „Volksgemeinschaft" gehörten, auch wenn dort nicht solche Bedingungen wie in den Konzentrationslagern herrschten. Dabei nutzten die Nationalsozialisten das vorhandene Mittel der Arbeitshausunterbringung und veränderten den Rahmen endgültig in einem biologistisch-bevölkerungspolitischen Sinn. Diese Aufgabe erfüllte die Landesanstalt Bräunsdorf für das Land Sachsen. Genauso war sie im Zweiten Weltkrieg ein Rad in der Vernichtungsmechanik der „Euthanasie", auch wenn diese Rolle im Vergleich zu den anderen sächsischen Landesanstalten relativ klein geblieben war. An der Mitverantwortung für die Durchführung der Verfolgungs- und Vernichtungspolitik der Nationalsozialisten, ändert sich für die Anstalt und deren Personals deswegen nichts.

ABBILDUNGEN

Abb. 1: historische Postkarte, undatiert; Sammlung Düsing

Landeserziehungsanstalt Bräunsdorf. Hauptgebäude

Abb. 2: Repronegativ einer Postkarte, Verlag H. Kramer, Bräunsdorf, undatiert; Stadt- und Bergbaumuseum Freiberg, Inv.-Nr. 26435

Abb. 3: Glasdiapositiv, Abb. „Bräunsdorf. Kirche (1908 Anstaltskapelle der Landes-anstalt Bräunsdorf), Reymann 1924; Stadt- und Bergbaumuseum Freiberg, Inv.-Nr. D2147

*Abb. 4: Postkarte „Bräunsdorf b. Freiberg"(Ausschnitt Mädchenhaus der Landes-
anstalt Bräunsdorf),Verlag R.C. Brendel, Bräunsdorf 1906, ; Stadt- und Bergbaumuseum Freiberg, Inv.-Nr. PK 3971*

ANMERKUNGEN UND QUELLEN

1   Vgl. Hesselbarth, Herbert: Zum 100-jährigen Bestehen der Landeserziehungsanstalt Bräunsdorf. In: Zeitschrift für Kinderforschung, 2/1924, Nr. 2, S. 131f.

2   Ayaß, Wolfgang: „Asoziale" im Nationalsozialismus. Stuttgart 1995. Ayaß, Wolfgang: Das Arbeitshaus Breitenau – Bettler, Landstreicher, Prostituierte, Zuhälter und Fürsorgeempfänger in der Korrektions- und Landarmenanstalt Breitenau (1874-1949). Kassel 1992.

3   Eckart, Wolfgang Uwe: Medizin in der NS-Diktatur – Ideologie, Praxis, Folgen. Köln, Weimar, Wien 2012. S. 24.

4   Klee, Ernst: „Euthanasie" im Dritten Reich – Die „Vernichtung lebensunwerten Lebens". Frankfurt am Main 2010. S. 19.

5   Eckart: Medizin in der NS-Diktatur. S. 26.

6   Vgl. Schmuhl, Hans-Walter: Rassenhygiene, Nationalsozialismus, Euthanasie – Von der Verhütung zur Vernichtung „lebensunwerten Lebens" 1890-1945. Göttingen 1987. S. 49ff.

7   Vgl. Klee: „Euthanasie" im Dritten Reich. S. 20.

8   Vgl. Ebenda. S. 21.

9   Vgl. Faulstich, Heinz: Hungersterben in der Psychiatrie 1914-1949 – Mit einer Topographie der NS-Psychiatrie. Freiburg im Breisgau 1998. S. 67f.

10   Vgl. Schmuhl: Rassenhygiene, Nationalsozialismus, Euthanasie. S. 95.

11   Vgl. Schmuhl: Rassenhygiene, Nationalsozialismus, Euthanasie. S. 100f.

12   Ebenda. S. 101.

13   Vgl. Ebenda. S. 103.

14   Schwartz, Michael: Eugenik und „Euthanasie" – Die internationale Debatte und Praxis bis 1933/45. S. 81. In: Henke, Klaus-Dietmar (Hrsg.): Tödliche Medizin im Nationalsozialismus – Von der Rassenhygiene zum Massenmord. Köln, Weimar, Wien 2008. S. 65-83.

15   Vgl. Eckart: Medizin in der NS-Diktatur. S. 124.

16   Vgl. Klee: „Euthanasie" im Dritten Reich. S. 42.

17   Schmuhl: Rassenhygiene, Nationalsozialismus, Euthanasie. S. 174.

18   Vgl. Ebenda. S. 176f.

19   Faulstich: Hungersterben in der Psychiatrie. S. 101.

20   Schilter, Thomas: Unmenschliches Ermessen – Die nationalsozialistische „Euthanasie"-Tötungsanstalt Pirna-Sonnenstein 1940/41. Leipzig 1999. S. 62.

21   Vgl. Ebenda. S. 62f.

22   Sigismund, Anna Maria: „Das Geschlechterleben bestimmen wir" – Sexualität im Dritten Reich. München 2008. S. 176.

23   Die Euthanasie-Ermächtigung Hitlers. In: Klee, Ernst (Hrsg.): Dokumente zur „Euthanasie". Frankfurt am Main 1985. S. 85.

24   Vgl. Klee: „Euthanasie" im Dritten Reich. S. 79.

25   Vgl. Schmuhl: Rassenhygiene, Nationalsozialismus, Euthanasie. S. 195.

26   Vgl. Schilter: Unmenschliches Ermessen. S. 67f.

27   Goebbels, Joseph: Tagebücher 1924-1945. Band 4, S. 1525. Herausgegeben von Reuth, Ralf Georg. München 1999.

28   Vgl. Klee: „Euthanasie" im Dritten Reich. S. 265f.

29   Vgl. Schmuhl: Rassenhygiene, Nationalsozialismus, Euthanasie. S. 183.

30   Vgl. Klee: „Euthanasie" im Dritten Reich. S. 340.

31   Vgl. Longerich, Peter: Heinrich Himmler – Biographie. München 2008. S. 445ff.

32   Vgl. Klee: „Euthanasie" im Dritten Reich. S. 395.

33   Vgl. Faulstich: Hungersterben in der Psychiatrie. S. 579.

34   Zum Dresdner „Euthanasie"-Prozess vgl. Böhm, Boris; Hacke, Gerald (Hrsg.): Fundamentale Gebote der Sittlichkeit – Der Dresdner „Euthanasie"-Prozess vor dem Landgericht Dresden 1947. Dresden 2008.

35   Vgl. Hesselbarth: Zum 100-jährigen Bestehen. S. 137.

36   Ausführlich zum Konflikt zwischen Axt und Hesselbarth vgl. Hanzig, Christoph: „Wir haben nichts zu verbergen!" – Der Anstaltspfarrer Johannes Axt und die NS-„Euthanasie" in der Landesanstalt Großschweidnitz. S. 119ff. In: Hermann, Konstantin; Lindemann, Gerhard (Hrsg.): Zwischen Christuskreuz und Hakenkreuz – Biografien von Theologen der Evangelisch-lutherischen Landeskirche Sachsens im Nationalsozialismus. Göttingen 2017. S. 117-132.

37   Vgl. Sächsisches Staatsarchiv Hauptstaatsarchiv Dresden (künftig Sächs. HStA Dresden). Landesanstalt Bräunsdorf (künftig LA Bräunsdorf) 13558/ 1575, Blatt 3.

38   Vgl. Ebenda, Blatt 5f.

39   Vgl. Ebenda, unpag.

40   Vgl. Ebenda, unpag.

41   Etwas aus dem Reich des roten Oberregierungsrats Schlosser in Bräunsdorf. In: „Der Freiheitskampf" vom 20.4.1931, S. 6.

42   Wo bleibt da die „Autorität"? In: „Der Freiheitskampf" vom 4.5.1931, S. 5.

43   Vgl. Der rote Oberreg.-Rat Schlosser und seine Reformen. In: „Der Freiheitskampf" vom 22.6.1931, S. 5.

44   Sächs. HStA Dresden LA Bräunsdorf 13558/ 1554, Blatt 55.

45   Ebenda.

46   Ebenda, Blatt 48.

47   Ganzer Abschnitt vgl. Ebenda, Blätter 46-54.

48   Sächs. HStA Dresden LA Bräunsdorf 13558/ 1575, Blatt 50.

49   Sächs. HStA Dresden LA Bräunsdorf 13558/ 1554, Blatt 57.

50   Vgl. Ebenda, Blatt 58.

51   Sächs. HStA Dresden LA Bräunsdorf 13558/ 1575, unpag.

52   Ebenda, Blatt 54ff.

53   Ebenda, unpag.

54   Vgl. Wagner, Andreas: „Machtergreifung" in Sachsen – NSDAP und staatliche Verwaltung 1930-1935. Köln, Weimar, Wien 2004. S. 236f.

55   Vgl. Sächs. HStA Dresden LA Bräunsdorf 13558/ 1575, Blatt 59 und 64.

56   Vgl. Sächs. HStA Dresden LA Bräunsdorf 13558/ 1062, Blatt 262.

57   Vgl. Baganz, Carina: Erziehung zur „Volksgemeinschaft"? – Die frühen Konzentrationslager in Sachsen 1933-1934/37. Berlin 2005, S. 97.

58   Sächs. HStA Dresden LA Bräunsdorf 13558/ 956, Blatt 98.

59   Sächs. HStA Dresden LA Bräunsdorf 13558/ 1062, Blatt 264.

60   Vgl. Sächs. HStA Dresden LA Bräunsdorf 13558/ 956, Blatt 106f.

61   Vgl. Ebenda.

62   Vgl. Ebenda, Blatt 138f.

63   Ebenda.

64   Vgl. Sächs. HStA Dresden LA Bräunsdorf 13558 Pflege- und Schwesternpersonal. Blatt 65-82.

65   Vgl. Sächs. HStA Dresden LA Bräunsdorf 13558/ 956, Blatt 178.

66   Vgl. Sächs. HStA Dresden LA Bräunsdorf 13558/ 1349, Blatt 243.

67   Sächs. HStA Dresden LA Bräunsdorf 13558/ 956, unpag..

68   Vgl. Sächs. HStA Dresden LA Bräunsdorf 13558/ 1349, Blatt 148.

69   Vgl. Sächs. HStA Dresden LA Bräunsdorf 13558/ 956, Blatt 176.

70   Vgl. Ebenda, Blatt 158.

71   Sächs. HStA Dresden LA Bräunsdorf 13558/ 956, Blatt 176.

72   Sächs. HStA Dresden LA Bräunsdorf 13558/ 735, Blatt 82f.

73   Bettler, Glücksspieler und Vagabunden – Eindrücke und Beobachtungen in der Landesanstalt Bräunsdorf. In: „Der Freiheitskampf" 28.2.1937, Beilage Sächsischer Sonntag, S. 1f.

74   Vgl. Ebenda, S. 2.

75   Ebenda, S. 1.

76   Vgl. Ayaß: Asoziale im Nationalsozialismus. S.44.

77   Vgl. Gaida, Oliver: Zwischen Arbeitshaus und Konzentrationslager – Die nationalsozialistische Verfolgung von als „asozial" Stigmatisierten 1933 bis 1937. S. 258. In: Osterloh, Jörg; Wünschmann, Kim: „... der schrankenlosesten Willkür ausgeliefert" – Häftlinge der frühen Konzentrationslager 1933 – 1936/37. Frankfurt am Main 2017. S. 247-267.

78   Vgl. Sächs. HStA Dresden LA Bräunsdorf 13558/ 1308, Blatt 292.

79   Vgl. Sächs. HStA Dresden LA Bräunsdorf 13558/ 735, Blatt 28.

80   Vgl. Sächs. HStA Dresden LA Bräunsdorf 13558/ 1200, Blatt 223.

81   Vgl. Ebenda, Blatt 188.

82   Vgl. Sächs. HStA Dresden LA Bräunsdorf 13558/ 1475, Blatt 2-243.

83   Vgl. Ebenda.

84   Sächs. HStA Dresden LA Bräunsdorf 13558/ 976, Blatt 85-90.

85   Ebenda.

86   Vgl. Sächs. HStA Dresden LA Bräunsdorf 13558/ 1552, Blatt 277ff.

87   Ayaß: Das Arbeitshaus Breitenau. S.307.

88   Vgl. Sächs. HStA Dresden LA Bräunsdorf 13558/ 1476, Blatt 10.

89   Vgl. Sächs. HStA Dresden LA Bräunsdorf 13558/ 956. Blatt 138f.

90   Vgl. Sächs. HStA Dresden LA Bräunsdorf 13558/ 1476, Blatt 94.

91   Alle Informationen zu Schmidt entstammen seiner Personalakte, vgl. Sächs. HStA Dresden Reichsstatthalter in Sachsen 13859/ Sch 278.

92   Vgl. Sächs. HStA Dresden LA Bräunsdorf 13558/ 1308, Blatt 28.

93   Vgl. Sächs. HStA Dresden LA Bräunsdorf 13558/ 1627, Blatt 233.

94   Vgl. Sächs. HStA LA Bräunsdorf 13558/ 1476, Blatt 125-130

95   Vgl. Sächs. HStA Dresden Reichsstatthalter in Sachsen 13859/ Sch 278, unpag.

96   Vgl. Ebenda, Blatt 91.

97   Vgl. Sächs. HStA Dresden 13558/ 1476, Blatt 63.

98   Vgl. Sächs. HStA Dresden LA Bräunsdorf 13558/ 1349, Blatt 286ff.

99 Vgl. Dubitscher, Fred: Asoziale Sippen – Erb- und Sozialbiologische Untersuchungen. Leipzig 1942. S. 212ff.

100 Vgl. Müller, Christian: Das Gewohnheitsverbrechergesetz vom 24. November 1933 – Kriminalpolitik als Rassenpolitik. Baden-Baden 1997. S. 99.

101 Vgl. Wachsmann, Nikolaus: Gefangen unter Hitler – Justizterror und Strafvollzug im NS-Staat. München 2006. S.125.

102 Sächs. HStA Dresden LA Bräunsdorf 13558/ 956, Blatt 106.

103 Sächs. HStA Dresden LA Bräunsdorf 13558/ 735, Blatt 105f.

104 Ebenda, Blatt 105.

105 Ebenda, Blatt 106.

106 Ebenda, Blatt 107.

107 Ebenda, Blatt 108.

108 Ebenda, Blatt 109.

109 Ebenda, Blatt 111.

110 Vgl. Ayaß. Das Arbeitshaus Breitenau. S.267ff.

111 Vgl. Sächs. HStA Dresden LA Bräunsdorf 13558/ 1627, Blatt 249f.

112 Sächs. HStA Dresden Reichsstatthalter in Sachsen 13859/ Sch 278, Blatt 122.

113 Sächs. HStA Dresden LA Bräunsdorf 13558/ 735, Blatt 190.

114 Vgl. Ayaß: „Asoziale" im Nationalsozialismus. S.41.

115 Vgl. Sächs. HStA Dresden LA Bräunsdorf 13558/ 1558, Blatt 48.

116 Vgl. Ebenda, Blatt 51.

117 Vgl. Ebenda, unpag..

118 Vgl. Ayaß: Das Arbeitshaus Breitenau. S. 306.

119 Vgl. Ebenda.

120 Vgl. Sächs. HStA Dresden LA Bräunsdorf 13558/ 730, Blatt 92, 250.

121 Vgl. Schilter: Unmenschliches Ermessen. S.63.

122 Sächs. HStA Dresden LA Bräunsdorf 13558/ 735, Blatt 163.

123 Sächs. HStA Dresden LA Bräunsdorf 13558/ 1554, Blatt 67.

124 Zuletzt der von der Landeszentrale für politische Bildung herausgegebene Sammelband: Nationalsozialistische Zwangssterilisationen in Sachsen 1933-1945 – Struktur und Praxis – Täter und Opfer, Dresden 2016.

125 Dubitscher: Asoziale Sippen. S. 218.

126 Bock, Gisela: Zwangssterilisation im Nationalsozialismus – Studien zur Rassenpolitik und Frauenpolitik. Opladen 1986. S. 304.

127 Ebenda. S. 306f.

128 Alle Angaben zu Ernst Arnold stammen aus seiner Patientenakte, vgl. Sächs. HStA Dresden 10822/ 8509.

129 Alle Angaben zu Reinhold Kocksch stammen aus seiner Patientenakte, vgl. Sächs. HStA Dresden 10822/ 9444.

130 Vgl. Sächs. HStA Dresden 10822/ 5716, unpag.

131 Sächs. HStA Dresden LA Bräunsdorf 13558/ 735, Blatt 127.

132 Vgl. Ayaß: „Asoziale" im Nationalsozialismus. S. 47.

133   Vgl. Eckart: Medizin in der NS-Diktatur. S. 80.

134   Vgl. Longerich: Heinrich Himmler. S. 335.

135   Klee: „Euthanasie" im Dritten Reich. S. 49.

136   Vgl. Sächs. HStA Dresden LA Bräunsdorf 13558/ 735, Blatt 62.

137   Ebenda, Blatt 63.

138   Ebenda, Blatt 75.

139   Ebenda, Blatt 75f.

140   Sächs. HStA Dresden LA Bräunsdorf 13558/ 1092, Blatt 7.

141   Vgl. Sächs. HStA Dresden LA Bräunsdorf 13558/ 1552, Blatt 248f.

142   Ebenda, Blatt 11.

143   Ebenda, Blatt 13.

144   Ebenda, Blatt 36.

145   Ebenda, Blatt 38.

146   Vgl. Ayaß: Asoziale im Nationalsozialismus. S. 139.

147   Vgl. Gerwarth, Robert: Reinhard Heydrich – Biographie. München 2011. S. 134f.

148   Dams, Carsten; Stolle, Michael: Die Gestapo – Herrschaft und Terror im Dritten Reich. München 2008. S. 123.

149   Vgl. Ayaß: Asoziale im Nationalsozialismus. S. 141ff.

150   Vgl. ebenda. S. 158.

151   Eberle, Annette: Häftlingskategorien und Kennzeichnungen. S.97.In: Benz, Wolfgang ; Distel, Barbara (Hrsg.): Der Ort des Terrors – Geschichte der nationalsozialistischen Konzentrationslager. Band 1. München 2005. S. 91-109.

152   Dams; Stolle. Die Gestapo. S. 124.

153   Eberle: Häftlingskategorien und Kennzeichnungen. S. 96f.

154   Sächs. HStA Dresden LA Bräunsdorf 13558/ 976, Blatt 109.

155   Ayaß: Das Arbeitshaus Breitenau. S. 295.

156   Vgl. ebenda. S. 297.

157   Vgl. Sächs. HStA Dresden LA Bräunsdorf 13558/ 976, Blatt 110ff.

158   Vgl. Sächs. HStA Dresden LA Bräunsdorf 13558/ 735, Blatt 236ff.

159   Vgl. ebenda.

160   Sächs. HStA Dresden LA Bräunsdorf 13558/ 1308, Blatt 176-178.

161   Ebenda, Blatt 178.

162   Vgl. Sächs. HStA Dresden LA Bräunsdorf 13558/ 1080, Blatt 1.

163   Ebenda, Blatt 9.

164   Vgl. Aly, Götz: „Endlösung" – Völkerverschiebung und der Mord an den europäischen Juden. Frankfurt am Main 1995. S. 187ff.

165   Vgl. Steinbach, Susanne: Die Betreuung Geisteskranker und Schwachsinniger im Lande Sachsen in den Jahre 1933-1945. Medizinische Dissertation. Leipzig 1997. S. 127.

166   Vgl. Sächs. HStA Dresden LA Bräunsdorf 13558/ 1568, unpag.

167   Vgl. Sächs. HStA Dresden LA Bräunsdorf 13558/ 1567, unpag.

168   Vgl. Sächs. HStA Dresden LA Bräunsdorf 13558/ 1519, unpag.

169   Vgl. Sächs. HStA Dresden Ministerium des Inneren 10736/ 16800, Blatt 40-45.

170   Sächs. HStA Dresden LA Bräunsdorf 13558/ 976, unpag.

171   Vgl. Ebenda, unpag.

172   Ebenda, unpag.

173   Schilter: Unmenschliches Ermessen.

174   Vgl. Opferdatenbank. Archiv Gedenkstätte Pirna Sonnenstein,

175   Vgl. Aly, Götz: Die Belasteten – „Euthanasie" 1939-1945. Eine Gesellschaftsgeschichte. Frankfurt am Main 2013. S. 214.

176   Vgl. Ebenda. S. 220f.

177   Ebenda. S. 222.

178   Ebenda. S. 224.

179   Vgl. Sächs. HStA Dresden LA Bräunsdorf 13558/ 1077, Blatt 2.

180   Ebenda.

181   Vgl. ebenda, Blatt 4.

182   Vgl. ebenda, Blatt 8ff.

183   Vgl. ebenda, Blatt 11ff.

184   Vgl. ebenda, Blatt 14ff.

185   Vgl. ebenda unpag..

186   Vgl. Sächs. HStA Dresden LA Bräunsdorf 13558/ 945, Blatt 1.

187   Vgl. ebenda, Blatt 2f.

188   Vgl. ebenda, Blatt 8ff.

189   Ebenda.

190   Möckel, Susanne: Die Geschichte der Landesanstalt Chemnitz-Altendorf und deren Beitrag zur Betreuung psychisch Kranker und geistig Behinderter. Medizinische Dissertation. Leipzig 1996. S. 82.

191   Sächs. HStA Dresden LA Bräunsdorf 13558/ 945, Blatt 8ff.

192   Vgl. ebenda, Blatt 57f.

193   Vgl. ebenda.

194   Vgl. ebenda, Blatt 56.

195   Vgl. ebenda, Blatt 101.

196   Vgl. ebenda, unpag.

197   Vgl. ebenda.

198   Fuchs, Petra: Zur Selektion von Kindern und Jugendlichen nach dem Kriterium der „Bildungs-fähigkeit". S. 292. In: Eckart, Wolfgang Uwe; Fuchs, Petra, Hohendorf, Gerrit; Mundt, Christoph; Richter, Paul; Rotzoll, Maike (Hrsg.): Die nationalsozialistische „Euthanasie"- Aktion „T4" und ihre Opfer – Geschichte und ethische Konsequenzen für die Gegenwart. Paderborn 2010. S. 287-296.

199   Vgl. Postert, André; Hanzig, Christoph: „Wir haben dafür zu sorgen, dass die Aussonderung differenziert geschieht" – Hans Thomae und die Begutachtung junger Menschen während des Zweiten Weltkrieg. In: Psychosozial Nr. 146, S. 84f.

200   Vgl. Ebenda, S. 91.

201   Vgl. Sächs. HStA Dresden LA Bräunsdorf 13558/ 945, Blatt 46.

202   Vgl. Klee: „Euthanasie" im Dritten Reich. S. 333.

203   Sächs. HStA Dresden LA Bräunsdorf 13558/ 945, Blatt 62.

204 Vgl. ebenda, Blatt 74.

205 Vgl. Klee: „Euthanasie" im Dritten Reich. S. 361f.

206 Allgemein zur Tötung von Kindern und Jugendlichen in der Landesanstalt Großschweidnitz vgl. Hanzig, Christoph: Von der provisorischen Unterbringung zur professionalisierten Ermordung – Kinder und Jugendliche während des Zweiten Weltkrieges in der Landesanstalt Großschweidnitz. In: Neues Lausitzisches Magazin, Nr. 140, S. 9-30.

207 Vgl. Opferdatenbanken der Landesanstalten Großschweidnitz und Leipzig-Dösen. Archiv Gedenkstätte Pirna-Sonnenstein.

208 Alle folgenden Informationen stammen aus der Krankenakte von Annelies Ringler: Sächs. HStA Dresden Landesanstalt Fachkrankenhaus Großschweidnitz (künftig: LA Großschweidnitz) 10822/ F 7176.

209 Ebenda.

210 Ebenda.

211 Ebenda.

212 Ebenda.

213 Alle folgenden Informationen stammen aus der Krankenakte von Siegfried Voigt: Sächs. HStA Dresden LA Großschweidnitz 10822/ M 6918.

214 Ebenda.

215 Ebenda.

216 Ebenda.

217 Ebenda.

218 Lehle, Rudolf Wilhelm: Die Landesanstalt Hochweitzschen 1933-1945. S. 203. In: Arbeitskreis zur Erforschung der nationalsozialistischen „Euthanasie" und Zwangssterilisation (Hrsg.): Der sächsische Sonderweg bei der NS-„Euthanasie". Ulm 2001. S. 185-207.

219 Sächs. HStA Dresden Landesanstalt Fachkrankenhaus Großschweidnitz 10822/ F 4108, unpag.

220 Aussage von Dr. Johannes Werner vor dem Amtsgericht Pirna am 30.7.1946. S. 285. In: Hohmann, Joachim S.: Der „Euthanasie"-Prozeß Dresden 1947 – Eine zeitgeschichtliche Dokumentation. Frankfurt am Main 1993. S. 285-286.

221 Sächs. HStA Dresden Landesanstalt Fachkrankenhaus Großschweidnitz 10822/ F 5802, Blatt 25.

222 Vgl. Oeser, Steffen: Die Heil- und Pflegeanstalt Arnsdorf 1933 bis 1945 – Eine nationalsozialistische Mustereinrichtung in Sachsen. S. 74. In: Arbeitskreis zur Erforschung der nationalsozialistischen „Euthanasie" und Zwangssterilisation (Hrsg.): Tödliches Mitleid – NS-„Euthanasie" und Gegenwart. Münster 2007. S. 65-83.

223 Vgl. Steinbach: Die Betreuung Geisteskranker. S. 129.

224 Vgl. Sächs. HStA Dresden LA Großschweidnitz 10822/ 166.

225 Vgl. Opferdatenbank Großschweidnitz. Archiv Gedenkstätte Pirna-Sonnenstein.

226 Vgl. Sächs. HStA Dresden LA Großschweidnitz 10822/ 166.

227 Vgl. Opferdatenbank Großschweidnitz. Archiv Gedenkstätte Pirna-Sonnenstein.

228 Vgl. Schulze, Dietmar: Dezentrale „Euthanasie" und „Aktion Brandt" im Reichsgau Sudetenland und Protektorat Böhmen und Mähren 1942-1945. S. 246. In: Schulze, Dietmar; Šimůnek, Michal: Die nationalsozialistische „Euthanasie" im Reichsgau Sudetenland und Protektorat Böhmen und Mähren 1939-1945. Prag 2008. S. 237-251.

229 Vgl. Fleck, Linda: Die Verlegung von Patienten der sächsischen Anstalten Hochweitzschen, Bräunsdorf und Hilbersdorf nach Kosmanos in den Jahren 1943-1944. S. 163. In: Böhm, Boris; Šimůnek, Michal: Verlegt – Verstorben – Verschwiegen – Tschechische und deutsche Psychiatrie-patienten in Böhmen als vergessene Opfer der NS-„Euthanasie". Pirna, Prag 2016. S. 153-166.

230 Alle im folgenden getroffenen Aussagen und Zitate stammen aus der Krankenakte von Marie Zimmermann: Sächs. HStA Dresden LA Großschweidnitz 10822/ F 6509.

231 Ebenda.

232 Vgl. Sächs. HStA Dresden LA Bräunsdorf 13558/ 1310, unpag..

233 Alle folgenden Zahlen kommen aus der Auswertung der Akte: Sächs. HStA Dresden LA Bräunsdorf 13558/ 1310.

234 Vgl. Ebenda.

235 Schwarzer, Christine: Auswirkungen der nationalsozialistischen Gesundheitspolitik und der Kriegs bedingungen 1939 bis 1945 auf die medizinische und soziale Betreuung alter Menschen im Lande Sachsen. Medizinische Dissertation. Leipzig 1997. S.64.

236 Zahlen zusammen- und mir zur Verfügung gestellt von Agnes Scharnetzky aus dem Totenbuch der Anstaltskirche Bräunsdorf (Landeskirchenarchiv Sachsen Bestand 122/ 5) für das Gedenkbuchprojekt für die Opfer der nationalsozialistischen „Euthanasie" der Gedenkstätte Pirna-Sonnenstein.

237 Vgl. Sächs. HStA Dresden LA Bräunsdorf 13558/1349, Blatt 224.

238 Tabelle zur Verfügung gestellt von Agnes Scharnetzky.

239 Tabelle zur Verfügung gestellt von Agnes Scharnetzky.

240 Ayaß: Das Arbeitshaus Breitenau. S. 314.

241 Vgl. Kershaw, Ian: Das Ende – Kampf bis in den Untergang, NS Deutschland 1944/45. München 2011. S. 133ff.

242 Sächs. HStA Dresden LA Bräunsdorf 13558/ 966, unpag.

243 Ebenda, unpag.

244 Vgl. Kershaw: Das Ende. S.438f.

245 Vgl. Kirchenarchiv Langhennersdorf: Memorabilia Langhennersdorf: Eintrag 1945 von Pfarrer Kurt Streubel.

246 Ebenda.

247 Vgl. Sächs. HStA Dresden LA Bräunsdorf 13558/ 1476, Blatt 130.

248 Aussage von Pfarrer i.R. Rainer Hageni gegenüber dem Autor am 11.12.2013.

QUELLEN- UND LITERATURVERZEICHNIS

UNGEDRUCKTE QUELLEN / ARCHIVE UND SAMMLUNGEN

Archiv Gedenkstätte Pirna-Sonnenstein
Opferdatenbanken

Kirchenarchiv Langhennersdorf
Memorabilia Langhennersdorf: Eintrag 1945 von Pfarrer Kurt Streubel.

Sächsisches Staatsarchiv Hauptstaatsarchiv Dresden

Ministerium des Inneren 10736
16800 Meldungen über Krankenbestände und Personal der Landesanstalten.

Landesanstalt Bräunsdorf 13558
730   Beköstigung ab 1934.
735   Abteilung für Verwahrungshäftlinge.
945   Akten betreff Schwachsinnigen Abteilung.
956   Umzug der Anstalt Sachsenburg in die Anstalt Colditz und der
        Anstalt Colditz in die Anstalt Bräunsdorf.
966   Volkssturm.
976   Allgemeine Verordnungen und Verschiedenes.
1062   Allgemeine Verwaltungs- und Verfassungsangelegenheiten.
1077   Erfassung der Anstaltsinsassen.
1080   Kriegsgefangene.
1092   Akten Blaukreuzverein.
1200   Die Verwaltung des Staatsgutes.
1308   Das Asyl und Arbeitshaus
1310   Umquartierte aus der Fürsorgeanstalt Dresden-Leuben und
        Arnsdorf.
1349   Allgemeine Verordnungen.
1475   Akten über landwirtschaftliche und andere Außenarbeiten.
1476   Allgemeine Angelegenheiten der Beamten, Angestellten, Arbeiter.
1519   Aushilfswärter Ernst Emil Paul.
1552   Besichtigungen und Auskünfte über die Anstalt.
1554   Besondere Vorkommnisse.
1558   Beköstigung bis 1934.
1567   Geheime Verordnungen.
1568   Dienstanweisung für den Mobilmachungsfall.
1575   Personalakte Oberregierungsrat Schlosser.
1627   Staatshaushaltsplan.

Landesanstalt Fachkrankenhaus Großschweidnitz 10822
166   Meldebuch 1.1.1944 – 31.12.1944.
5716   Patientenakte Siegfried Köchel
8509   Patientenakte Ernst Arnold
9444   Patientenakte Reinhold Kocksch
10662   Patientenakte Siegfried Voigt
F 4108 Patientenakte Gertrud Balthasar

F 5802   Patientenakte Margarethe Säuberlich
F 6509   Patientenakte Marie Zimmermann
F 7176   Patientenakte Annelies Ringler

Reichsstatthalter in Sachsen Personalamt 13859
Sch 278 Personalakte Gustav Schmidt

GEDRUCKTE QUELLEN

Aussage von Dr. Johannes Werner vor dem Amtsgericht Pirna am 30.7.1946.
In: Hohmann, Joachim S.: Der „Euthanasie"-Prozeß Dresden 1947 – Eine zeitgeschichtliche
Dokumentation. Frankfurt am Main 1993.

Die Euthanasie-Ermächtigung Hitlers. In: Klee, Ernst (Hrsg.): Dokumente zur „Euthanasie".
Frankfurt am Main 1985.

Goebbels, Joseph: Tagebücher 1924-1945. Herausgegeben von Reuth, Ralf Georg. München
1999.

LITERATUR

ALY, GÖTZ: Die Belasteten – „Euthanasie" 1939-1945. Eine Gesellschaftsgeschichte. Frankfurt
am Main 2013.

ALY, GÖTZ: „Endlösung" – Völkerverschiebung und der Mord an den europäischen Juden.
Frankfurt am Main 1995.

AYASS, WOLFGANG: „Asoziale" im Nationalsozialismus. Stuttgart 1995.

AYASS, WOLFGANG: Das Arbeitshaus Breitenau – Bettler, Landstreicher, Prostituierte, Zuhälter und Fürsorgeempfänger in der Korrektions- und Landarmenanstalt Breitenau (1874-1949).
Kassel 1992.

BAGANZ, CARINA: Erziehung zur „Volksgemeinschaft"? – Die frühen Konzentrationslager in
Sachsen 1933-1934/37. Berlin 2005.

BOCK, GISELA: Zwangssterilisation im Nationalsozialismus – Studien zur Rassenpolitik und
Frauenpolitik. Opladen 1986.

BÖHM, BORIS; HACKE, GERALD (Hrsg.): Fundamentale Gebote der
Sittlichkeit – Der Dresdner „Euthanasie"-Prozess vor dem Landgericht Dresden 1947. Dresden
2008.

DAMS, CARSTEN; STOLLE, MICHAEL: Die Gestapo – Herrschaft und Terror im Dritten
Reich. München 2008.

DUBITSCHER, FRED: Asoziale Sippen – Erb- und Sozialbiologische Untersuchungen. Leipzig 1942.

EBERLE, ANNETTE: Häftlingskategorien und Kennzeichnungen. In: BENZ, WOLFGANG ; DISTEL, BARBARA (Hrsg.): Der Ort des Terrors – Geschichte der nationalsozialistischen Konzentrationslager. Band 1. München 2005.

ECKART, WOLFGANG UWE: Medizin in der NS-Diktatur – Ideologie, Praxis, Folgen. Wien, Köln, Weimar 2012.

FAULSTICH, HEINZ: Hungersterben in der Psychiatrie 1914-1949 – Mit einer Topographie der NS-Psychiatrie. Freiburg im Breisgau 1998.

FLECK, LINDA: Die Verlegung von Patienten der sächsischen Anstalten Hochweitzschen, Bräunsdorf und Hilbersdorf nach Kosmanos in den Jahren 1943-1944. In: BÖHM, BORIS; ŠIMŮNEK, MICHAL: Verlegt – Verstorben – Verschwiegen – Tschechische und deutsche Psychiatriepatienten in Böhmen als vergessene Opfer der NS-„Euthanasie". Pirna, Prag 2016. S. 153-166.

FUCHS, PETRA: Zur Selektion von Kindern und Jugendlichen nach dem Kriterium der „Bildungsunfähigkeit". In: ECKART, WOLFGANG UWE; FUCHS, PETRA, HOHENDORF, GERRIT; MUNDT, CHRISTOPH; RICHTER, PAUL; ROTZOLL, MAIKE (Hrsg.): Die nationalsozialistische „Euthanasie"- Aktion „T4" und ihre Opfer – Geschichte und ethische Konsequenzen für die Gegenwart. Paderborn 2010. S. 287-296.

GAIDA, OLIVER: Zwischen Arbeitshaus und Konzentrationslager – Die nationalsozialistische Verfolgung von als „asozial" Stigmatisierten 1933 bis 1937. In: OSTERLOH, JÖRG; WÜNSCHMANN, KIM: „… der schrankenlosesten Willkür ausgeliefert" – Häftlinge der frühen Konzentrationslager 1933 – 1936/37. Frankfurt am Main 2017. S. 247-267.

GERWARTH, ROBERT: Reinhard Heydrich – Biographie. München 2011.

HANZIG, CHRISTOPH: Von der provisorischen Unterbringung zur professionalisierten Ermordung – Kinder und Jugendliche während des Zweiten Weltkrieges in der Landesanstalt Großschweidnitz. In: Neues Lausitzisches Magazin, Nr. 140. S. 9-30.

HANZIG, CHRISTOPH: „Wir haben nichts zu verbergen!" – Der Anstaltspfarrer Johannes Axt und die NS-„Euthanasie" in der Landesanstalt Großschweidnitz. In: HERMANN, KONSTANTIN; LINDEMANN, GERHARD (Hrsg.): Zwischen Christuskreuz und Hakenkreuz – Biografien von Theologen der Evangelisch-lutherischen Landeskirche Sachsens im Nationalsozialismus. Göttingen 2017. S. 117-132.

HESSELBARTH, HERBERT: Zum 100-jährigen Bestehen der Landeserziehungsanstalt Bräunsdorf. In: Zeitschrift für Kinderforschung, 2/1924, Nr. 2. S. 131–137.

KERSHAW, IAN: Das Ende – Kampf bis in den Untergang, NS Deutschland 1944/45. München 2011.

KLEE, ERNST: „Euthanasie" im Dritten Reich – Die „Vernichtung lebensunwerten Lebens". Frankfurt am Main 2010.

LANDESZENTRALE FÜR POLITISCHE BILDUNG (Hrsg.): Nationalsozialistische Zwangssterilisationen in Sachsen 1933-1945 – Struktur und Praxis – Täter und Opfer, Dresden 2016.

LEHLE, RUDOLF WILHELM: Die Landesanstalt Hochweitzschen 1933-1945. S.203. In: Arbeitskreis zur Erforschung der nationalsozialistischen „Euthanasie" und Zwangssterilisation (Hrsg.): Der sächsische Sonderweg bei der NS-„Euthanasie". Ulm 2001. S. 185-207.

LONGERICH, PETER: Heinrich Himmler – Biographie. München 2008.

MÖCKEL, SUSANNE: Die Geschichte der Landesanstalt Chemnitz-Altendorf und deren Beitrag zur Betreuung psychisch Kranker und geistig Behinderter. Medizinische Dissertation. Leipzig 1996.

MÜLLER, CHRISTIAN: Das Gewohnheitsverbrechergesetz vom 24. November 1933 – Kriminalpolitik als Rassenpolitik. Baden-Baden 1997.

OESER, STEFFEN: Die Heil- und Pflegeanstalt Arnsdorf 1933 bis 1945 – Eine nationalsozialistische Mustereinrichtung in Sachsen. In: Arbeitskreis zur Erforschung der nationalsozialistischen „Euthanasie" und Zwangssterilisation (Hrsg.): Tödliches Mitleid – NS-„Euthanasie" und Gegenwart. Münster 2007. S. 65-83.

POSTERT, ANDRÉ; HANZIG, CHRISTOPH: „Wir haben dafür zu sorgen, dass die Aussonderung differenziert geschieht" – Hans Thomae und die Begutachtung junger Menschen während des Zweiten Weltkrieg. In: Psychosozial Nr. 146. S. 83-95.

SCHILTER, THOMAS: Unmenschliches Ermessen – Die nationalsozialistische „Euthanasie"-Tötungsanstalt Pirna-Sonnenstein 1940/41. Leipzig 1999.

SCHMUHL, HANS-WALTER: Rassenhygiene, Nationalsozialismus, Euthanasie – Von der Verhütung zur Vernichtung „lebensunwerten Lebens" 1890-1945. Göttingen 1987.

SCHULZE, DIETMAR: Dezentrale „Euthanasie" und „Aktion Brandt" im Reichsgau Sudetenland und Protektorat Böhmen und Mähren 1942-1945. In: SCHULZE, DIETMAR; ŠIMŮNEK, MICHAL: Die nationalsozialistische „Euthanasie" im Reichsgau Sudetenland und Protektorat Böhmen und Mähren 1939-1945. Prag 2008.

SCHWARTZ, MICHAEL: Eugenik und „Euthanasie" – Die internationale Debatte und Praxis bis 1933/45. In: HENKE, KLAUS-DIETMAR (Hrsg.): Tödliche Medizin im Nationalsozialismus – Von der Rassenhygiene zum Massenmord. Köln, Weimar, Wien 2008. S. 65-83.

SCHWARZER, CHRISTINE: Auswirkungen der nationalsozialistischen Gesundheitspolitik und der Kriegsbedingungen 1939 bis 1945 auf die medizinische und soziale Betreuung alter Menschen im Lande Sachsen. Medizinische Dissertation. Leipzig 1997.

SIGISMUND, ANNA MARIA: „Das Geschlechterleben bestimmen wir" – Sexualität im Dritten Reich. München 2008.

STEINBACH, SUSANNE: Die Betreuung Geisteskranker und Schwachsinniger im Lande Sachsen in den Jahren 1933-1945. Medizinische Dissertation. Leipzig 1997.

WACHSMANN, NIKOLAUS: Gefangen unter Hitler – Justizterror und Strafvollzug im NS-Staat. München 2006.

WAGNER, ANDREAS: „Machtergreifung" in Sachsen – NSDAP und staatliche Verwaltung 1930-1935. Köln, Weimar, Wien 2004.

ZEITSCHRIFTEN

Der Freiheitskampf – Amtlichen Tageszeitung der NSDAP, Gau Sachsen.

M<small>IT</small> FREUNDLICHER U<small>NTERSTÜTZUNG</small> VON

Gefördert vom

 Bundesministerium
für Familie, Senioren, Frauen
und Jugend

im Rahmen des Bundesprogramms

Demokratie *Leben!*

sowie vom Freistaat Sachsen

 SACHSEN

Zeitfracht Medien GmbH
Ferdinand-Jühlke-Straße 7
99095 Erfurt, Deutschland
produktsicherheit@kolibri360.de